주님과 함께하는

어린이 .... 에게

.... 가 드립니다.

암송이란?

□□ 자기의 저서 〈어린이 연구지침서〉에서 "사람은 어린이 기간 동안 만큼 예민한 감정을 갖거나 분명히 암기할 수 있는 시기는 또 없다. 6세의 어린이는 성인만한 빠른 식별력을 가지고 있으며, 10세 어린이의 암기력을 능가할 연령은 없다."라고 말했다.

사람이 유·초등부 시기에 배운 그 길과 방식들이 평생을 통해 배울 것을 다 배워 놓는 것이라고 해도 과언은 아니다. 부모나 교사들은 이 사실과 어린이의 가능성에 보다 깊은 관심을 가지고 어린이들의 마음과 생각 속에 하나님의 말씀을 심어주어야 할 것이다.

이는 아이가 청소년, 성인이 되었을 때 겪는 정체성의 혼란과 사람마다 삶의 방식의 다름 속에서 자신이 누구이며, 어떻게 살아야 하는 지를 분명하게 식별하게 될 것이다. 요동치 않는 신앙인으로서 하나님의 귀한 일에 동참하는 형통한 자로 성장할 것이다.

암송이란?

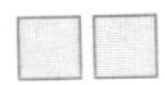

A. 어린이의 이해와 연결이 되는 시점에서 어린이의 수준에 맞게 구절을 소개하자.

B. 항상 구절과 장절(위치)을 함께 가르치자.

C. 어린이들에게 구절을 가르치려고 시도하기 전에 교사(혹은 부모) 자신이 그 구절을 이해하고, 암송하도록 하자.

D. 암송법을 가르치는 데는 되풀이 방법이 필수적이다. 한두 번 구절을 되풀이 해보는 것만으로는 불충분하다. 구절을 여러 번 다양한 방법을 써서 가르쳐야 함을 기억하자.

E. 높은 기준을 유지하라. 상을 주기전에 완전히 암송했나를 조사하라. 이것은 조금도 틀려서는 안되며 제목도 변경할 수 없는 하나님 말씀이라는 것을 기억하자.

F. 흥미를 돋구기 위해 시상 제도를 사용하라. 그러나 너무나 요란한 상품들을 준비하지 말라. 도표, 별, 스티커나 조그만 상품들만 가지고도 어린이들의 관심을 끌 수 있다.

G. 구절의 의미를 항상 설명하여 어린이들이 무엇을 배우는 가를 알게 하자.

H. 암송구절도 하나님의 말씀으로서 확증해야 한다.

I. 구절이 너무 길면 두 몫으로 나누어 암송하자.

J. 어린이들로 그 날의 구절을 매일의 생활 속에 적용하도록 장려 하자.

유초등부 어린이들을 위해

유·초등부(초등학교 1~6학년) 어린이들이 외울 말씀을 정리한 성구 암송집입니다. 혼자서 사용할 수 있습니다.

주제가 있는 말씀

주간별 주제, 월별 주제를 두어 말씀을 구성했습니다. 7일 단위로 구성했으나 외운 말씀을 묵상하고 실천하도록 하기 위해 반복하는 시간을 두었습니다.

점검, 그 이상을 위해

우선 어린이 스스로가 암송한 말씀을 매일 체크하도록 칸(▢)을 두었습니다. 그러나 부모님께서 매일 점검해 주시면 어린이의 발달에 도움이 될 것입니다. 칭찬과 격려가 아이들을 말씀안에 거하게 하며, 쑥쑥 성장하게 합니다. 교회학교 선생님께서 주단위로 점검해 주시면 더욱 효과적일 것입니다.

함께 나누는 말씀 잔치

교회학교가 말씀의 나눔 잔치가 됩니다.
특히 교회학교에서는 선생님께서 매주 확인을
해 주시고 책 뒤쪽에 있는 달란트 쿠폰을 이용
하여 어린이들의 참여를 도울 수 있습니다.
또한 교회학교 달란트 시장에서 무엇보다 말씀
을 암송하는 어린이로 성장시키는데 좋은 역할
을 할 것입니다.

보물창고의 열쇠같은

말씀을 반복적으로 암송하며, 생활에서 암송하
도록 사용합니다. 어린이 마음 밭에 말씀의 씨
앗을 심어주는 암송집으로 부모님과 선생님이
함께 하는 보물창고의 열쇠입니다.

하늘에 계신 우리 아버지여,

이름을 거룩히 여김을 받으시오며,

나라이 임하옵시며,

뜻이 하늘에서 이룬 것같이

땅에서도 이루어지이다.

오늘날 우리에게 일용한 양식을 주옵시고,

우리가 우리에게 죄 지은 자를 사하여 준 것같이

우리 죄를 사하여 주옵시고,

우리를 시험에 들게 하지 마옵시고,

다만 악에서 구하옵소서.

대개 나라와 권세와 영광이

아버지께 영원히 있사옵나이다. 아멘.

(마태복음 6:9~13)

Our Father which art in heaven, Hallowed be Thy name,

Thy kingdom come, Thy will be done in earth, as it is in heaven.

Give us this day our daily bread,

and forgive us our debts, as we forgive our debtors,

and lead us not into temptation, but deliver us from evil.

For Thine is the Kingdom, and the power, and the glory,

For ever. Amen.

(Matt. 6:9~13)

전능하사 천지를 만드신 하나님 아버지를 내가 믿사오며,

그 외아들 우리 주 예수 그리스도를 믿사오니,

이는 성령으로 잉태하사 동정녀 마리아에게 나으시고,

'본디오 빌라도' 에게 고난을 받으사, 십자가에 못박혀 죽으시고,

장사한 지 사흘만에 죽은 자 가운데서 다시 살아나시며,

하늘에 오르사, 전능하신 하나님 우편에 앉아 계시다가,

저리로서 산 자와 죽은 자를 심판하러 오시리라.

성령을 믿사오며, 거룩한 공회와, 성도가 서로 교통하는 것과,

죄를 사하여 주시는 것과, 몸이 다시 사는 것과,

영원히 사는 것을 믿사옵나이다.

아멘

I believe in God the Father Almighty, Maker of heaven and earth,

and in Jesus Christ, His only Son our Lord, who was conceived by the

Holy Ghost, born of the Virgin Mary, suffered under Pontius Pilate,

was crucified, dead, and buried; He descended into hell, The third day

he rose again from the dead; He ascended into heaven, and sitteth on

the right hand of God the Father Almighty; from thence He shall come

quick to judge the live and the dead.

I believe in The Holy Ghost; The Holy Catholic Church;

The Communion of Saints; The forgiveness of sins; The resurrection of

the body; And the life everlasting. AMEN.

1월 · 하나님과 나

주께서 심지가 견고한 자를 평강에 평강으로 지키시리니
이는 그가 주를 의뢰함이니이다

(이사야 26:3)

세계의 모든 나라는 서로 다른 방식으로 새해를 맞이 합니다. 모든 나라가 같은 날, 같은 방법으로 설날을 지내진 않겠지요. 그 이유는 달력을 달의 움직임으로 하는 나라도 있고(우리나라의 음력), 또는 해의 위치에 따라 세는 나라(양력)도 있기 때문이랍니다.

모든 나라에는 나름대로 새해에 대한 특별한 신념이 있답니다. 미국의 신년은 우리나라와 매우 달라 단지 섣달 그믐날(New Year's Eve)의 연장입니다. 12월 31일 밤에는 집에서 친구들을 초대하거나 호텔이나 레스토랑에서 성대한 파티를 엽니다.

자정(밤 12시)이 되면 종을 울리거나 나팔을 불거나 샴페인을 터뜨려 건배를 하고 "Happy New Year!!"를 외치면서 서로 부둥켜 안고 키스를 하거나 노래를 하면서 새로 맞을 새로운 한 해에는 사랑과 행복이 충만하기를 기원하면서 새해 인사를 나눈답니다.

중국의 "festival of lanterns"(전등 축제)는 수천개의 빨간 전등이 길을 밝히는 거리행렬이며, 전세계의 흩어져 있는 모든 중국 사람들이 가장 좋아하는 것 중의 하나랍니다. 중국 사람들은 "New Year" 즈음에 악령이 있다고 믿어서 폭죽을 터뜨리며 악령을 쫓는다고 합니다. 때로는 창문이나 문에 부적을 붙여 악령을 쫓는다고 합니다. 중국의 설날은 "The Chinese new year"이라고 하며 음력 1월 1일부터 10일 정도의 긴 설날 휴가를 보내며 중국 사람들은 "chun jie"라고 부른답니다.

성경(유대력)에서는 설날이 '아빕월' 1일이며(음력, '정월'이라고 부르는 것처럼 아빕월이라고 부름), 이 아빕월은 태양력의 3~4월 즈음에 해당합니다. 유대나라가 망하여 포로로 잡혀갔던 시기 이후에는 '니산월'로 이름이 바뀌었습니다. 히브리인들은 아빕월 10일에 유월절로 지키며, 이 날은 오순절, 초막절과 더불어 유대인들이 지키는 3대 축제 중 하나랍니다. 이스라일에 하나님의 은혜로 애굽에서 구출된 때의 최후의 날을 기념하기 위해 제정되었고(출 12:1~), 후에 민족 탄생을 의미하는 중대한 기념일이 되었답니다. 후대의 유대인 각 가정에서는 어린이들에게 유월절의 유래를 가르치며 쓴 나물을 비롯한 음식물의 의미를 설명함으로써 유월절을 지키고 있습니다.

1월 1일 **마태복음 6장 33절**

너희는 먼저 그의 나라와 그의 의를 구하라 그리하면 이 모든 것을 너희에게 더하시리라

But seek first his kingdom and his righteousness, and all these things will be given to you as well.

1월 2일 **욥기 8장 7절**

네 시작은 미약하였으나 네 나중은 심히 창대하리라

1월 3일 **마태복음 6장 33절, 욥기 8장 7절**

너희는 먼저

네 시작은

1월 4일　　**창세기 12장 2절**

☐ 내가 너로 큰 민족을 이루고 네게 복을 주어 네
이름을 창대케 하리니 너는 복의 근원이 될지
라

1월 5일　　**출애굽기 4장 12절**

☐ 이제 가라 내가 네 입과 함께 있어서 할 말을
가르치리라

1월 6일　　**창세기 12장 2절, 출애굽기 4장 12절**

☐ 내가 너로

☐ 이제 가라

1월 7일　　**일주일 복습**

☐ 마태복음 6:33
너희는

☐ 욥기 8:7
네

☐ 창세기 12:2
내가

☐ 출애굽기 4:12
이제

17

1월 8일 **디모데후서 3장 16,17절**

모든 성경은 하나님의 감동으로 된 것으로 교훈과 책망과 바르게 함과 의로 교육하기에 유익하니 이는 하나님의 사람으로 온전케 하며 모든 선한 일을 행하기에 온전케 하려 함이니라

All Scripture is God-breathed and is useful for teaching, rebuking, correcting and training in righteousness, so that the man of God may be thoroughly equipped for every good work.

1월 9일 **골로새서 3장 16절**

그리스도의 말씀이 너희 속에 풍성히 거하여 모든 지혜로 피차 가르치며 권면하고 시와 찬미와 신령한 노래를 부르며 마음에 감사함으로 하나님을 찬양하고

1월 10일 **디모데후서 3장 16,17절, 골로새서 3장 16절**

모든 성경은

그리스도의 말씀이

1월 11일 히브리서 4장 12절

하나님의 말씀은 살았고 운동력이 있어 좌우에 날선 어떤 검보다도 예리하여 혼과 영과 및 관절과 골수를 찔러 쪼개기까지 하며 또 마음의 생각과 뜻을 감찰하나니

1월 12일 마태복음 4장 4절

예수께서 대답하여 가라사대 기록되었으되 사람이 떡으로만 살 것이 아니요 하나님의 입으로 나오는 모든 말씀으로 살 것이라 하였느니라 하시니

1월 13일 히브리서 4장 12절, 마태복음 4장 4절

하나님의 말씀은

예수께서 대답하여

1월 14일 일주일 복습

디모데후서 3:16,17
모든

골로새서 3:16
그리스도의

히브리서 4:12
하나님의

마태복음 4:4
예수께서

19

1월 15일 시편 119편 105절

☐ 주의 말씀은 내 발에 등이요 내 길에 빛이니이다

Your word is a lamp to my feet and a light for my path.

1월 16일 잠언 16장 3절

☐ 너의 행사를 여호와께 맡기라 그리하면 너의 경영하는 것이 이루리라

1월 17일 시편 119편 105절, 잠언 16장 3절

☐ 주의 말씀은

☐ 너의 행사를

1월 18일 잠언 3장 6절

☐ 너는 범사에 그를 인정하라 그리하면 네 길을 지도하시리라

1월 19일 잠언 16장 9절

☐ 사람이 마음으로 자기의 길을 계획할지라도 그 걸음을 인도하는 자는 여호와시니라

1월 20일 잠언 3장 6절, 잠언 16장 9절

☐ 너는 범사에

☐ 사람이 마음으로

1월 21일 일주일 복습

☐ 시편 119:105
주의

☐ 잠언 3:6
너는

☐ 잠언 16:3
너의

☐ 잠언 16:9
사람이

1월 22일 에베소서 1장 7절

우리가 그리스도 안에서 그의 은혜의 풍성함을 따라 그의 피로 말미암아 구속 곧 죄 사함을 받았으니

In him we have redemption through his blood, the forgiveness of sins, in accordance with the riches of God's grace

1월 23일 로마서 6장 14절

죄가 너희를 주관치 못하리니 이는 너희가 법 아래 있지 아니하고 은혜 아래 있음이니라

1월 24일 에베소서 1장 7절, 로마서 6장 14절

우리가 그리스도

죄가 너희를

1월 25일 **히브리서 4장 16절**

☐ 그러므로 우리가 긍휼하심을 받고 때를 따라
돕는 은혜를 얻기 위하여 은혜의 보좌 앞에 담
대히 나아갈 것이니라

1월 26일 **로마서 3장 24절**

☐ 그리스도 예수 안에 있는 구속으로 말미암아
하나님의 은혜로 값없이 의롭다 하심을 얻은
자 되었느니라

1월 27일 **히브리서 4장 16절, 로마서 3장 24절**

☐ 그러므로 우리가

☐ 그리스도 예수

1월 28일 **일주일 복습**

☐ 에베소서 1:7
우리가

☐ 로마서 6:14
죄가

☐ 히브리서 4:16
그러므로

☐ 로마서 3:24
그리스도

23

1월 29일 마태복음 6:33, 디모데후서 3장 16,17절

☐

☐

1월 30일 시편 119편 105절, 에베소서 1장 7절

☐

☐

에덴동산은 어디에 있었을까?

성경은 동방(창 2:8)에 있었다고 하며, 네 강의 근원이 되는 지역이라고만 말한다. 그 중에서 두 강은 티그리스강과 유브라데스강임을 알 수 있으며, 나머지 두 강은 어디를 가리키는지 정확히 알 수 없다. 에덴동산의 지리적 위치를 확인하는 것은 어려우며, 학자들은 북바벨론의 바벨론시 부근에 있었다는 것을 가장 설득력 있게 보고 있다. 그러나 중요한 것은 실재의 지리적 위치가 아니고 인간이 하나님에 대한 불복종으로 인해 낙원에서 추방되기 전에 하나님과 인간의 완전한 교제 상태를 상징하고 있다는 것이다.

2월 · 믿음

믿음은 바라는 것들의 실상이요 보지 못하는 것들의 증거니
(히브리서 11:1)

2월 1일 **사도행전 16장 31절**

☐ 주 예수를 믿으라 그리하면 너와 네 집이 구원
을 얻으리라

They replied, "Believe in the Lord Jesus, and you
will be saved--you and your household."

2월 2일 **요한복음 14장 1절**

☐ 너희는 마음에 근심하지 말라 하나님을 믿으니
또 나를 믿으라

2월 3일 **사도행전 16장 31절, 요한복음 14장 1절**

☐ 주 예수를

☐ 너희는 마음에

2월 4일 **히브리서 11장 1절**

믿음은 바라는 것들의 실상이요 보지 못하는 것들의 증거니

2월 5일 **로마서 10장 17절**

그러므로 믿음은 들음에서 나며 들음은 그리스도의 말씀으로 말미암았느니라

2월 6일 **히브리서 11장 1절, 로마서 10장 17절**

믿음은 바라는

그러므로 믿음은

2월 7일 **일주일 복습**

사도행전 16:31
주

요한복음 14:1
너희는

히브리서 11:1
믿음은

로마서 10:17
그러므로

27

2월 8일 시편 37편 5,6절

너의 길을 여호와께 맡기라 저를 의지하면 저가 이루시고 네 의를 빛같이 나타내시며 네 공의를 정오의 빛같이 하시리로다

Commit your way to the LORD; trust in him and he will do this: He will make your righteousness shine like the dawn, the justice of your cause like the noonday sun.

2월 9일 시편 27편 14절

너는 여호와를 바랄지어다 강하고 담대하며 여호와를 바랄지어다

2월 10일 시편 37편 5,6절, 시편 27편 14절

너의 길을

너는 여호와를

28

2월 11일 **시편 37편 24절**

☐ 저는 넘어지나 아주 엎드러지지 아니함은 여호와께서 손으로 붙드심이로다

2월 12일 **미가 7장 7절**

☐ 오직 나는 여호와를 우러러보며 나를 구원하시는 하나님을 바라보나니 나의 하나님이 나를 들으시리로다

2월 13일 **시편 37편 24절, 미가 7장 7절**

☐ 저는 넘어지나

☐ 오직 나는

2월 14일 **일주일 복습**

☐ 시편 37:5,6
너의

☐ 시편 27:14
너는

☐ 시편 37:24
저는

☐ 미가 7:7
오직

29

2월 15일 로마서 1장 17절

복음에는 하나님의 의가 나타나서 믿음으로 믿음에 이르게 하나니 기록된바 오직 의인은 믿음으로 말미암아 살리라 함과 같으니라

For in the gospel a righteousness from God is revealed, a righteousness that is by faith from first to last, just as it is

2월 16일 로마서 5장 1절

그러므로 우리가 믿음으로 의롭다 하심을 얻었은즉 우리 주 예수 그리스도로 말미암아 하나님으로 더불어 화평을 누리자

2월 17일 로마서 1장 17절, 로마서 5장 1절

복음에는 하나님의

그러므로 우리가

2월 18일 고린도전서 2장 5절

☐ 너희 믿음이 사람의 지혜에 있지 아니하고 다
만 하나님의 능력에 있게 하려 하였노라

2월 19일 하박국 2장 4절

☐ 보라 그의 마음은 교만하며 그의 속에서 정직
하지 못하니라 그러나 의인은 그 믿음으로 말
미암아 살리라

2월 20일 고린도전서 2장 5절, 하박국 2장 4절

☐ 너희 믿음이

☐ 보라 그의

2월 21일 일주일 복습

☐ 로마서 1:17
복음에는

☐ 로마서 5:1
그러므로

☐ 고린도전서 2:5
너희

☐ 하박국 2:4
보라

2월 22일 야고보서 2장 22절

네가 보거니와 믿음이 그의 행함과 함께 일하고 행함으로 믿음이 온전케 되었느니라

You see that his faith and his actions were working together, and his faith was made complete by what he did.

2월 23일 고린도후서 13장 5절

너희가 믿음에 있는가 너희 자신을 시험하고 너희 자신을 확증하라 예수 그리스도께서 너희 안에 계신 줄을 너희가 스스로 알지 못하느냐 그렇지 않으면 너희가 버리운 자니라

2월 24일 야고보서 2장 22절, 고린도후서 13장 5절

네가 보거니와

너희가 믿음에

2월 25일 마태복음 5장 16절

이같이 너희 빛을 사람 앞에 비취게 하여 저희
로 너희 착한 행실을 보고 하늘에 계신 너희 아
버지께 영광을 돌리게 하라

2월 26일 여호수아 1장 9절

내가 네게 명한 것이 아니냐 마음을 강하게 하
고 담대히 하라 두려워 말며 놀라지 말라 네가
어디로 가든지 네 하나님 나 여호와가 너와 함
께 하느니라 하시니라

2월 27일 마태복음 5장 16절, 여호수아 1장 9절

이같이 너희

내가 네게

2월 28일 일주일 복습

야고보서 2:22
네가

마태복음 5:16
이같이

고린도후서 13:5
너희가

여호수아 1:9
내가

33

신앙 信仰 faith

신앙의 대상인 하나님을 신뢰하고 그의 계시를 진리로 받아들이며 미래를 위해 그를 전적으로 의뢰하는 것을 의미한다.

성경에는 바르지 못한 신앙들이 나와 있다.

진리를 지적으로만 받아들이는 지식적인 신앙(마7:26, 약2:19), 이적(기적)에만 근거하는 이적적 신앙(요2:23,24), 환난이나 핍박이 없을 때만 믿는 일시적 신앙(마13:20,21) 등이다.

믿음은 구원에 반드시 필요한 조건이며(요1:12, 엡2:8) 모든 신앙인들의 삶의 근거이기도 하다. 특별히 성경은 믿음을 하나님의 은혜의 선물이라고 말한다(엡2:9).

3월 · 기도

기도를 항상 힘쓰고 기도에 감사함으로 깨어 있으라
(골로새서 4:2)

3월 1일 · **빌립보서 4장 6절**

☐ 아무 것도 염려하지 말고 오직 모든 일에 기도
와 간구로, 너희 구할 것을 감사함으로 하나님
께 아뢰라

Do not be anxious about anything, but in
everything, by prayer and petition, with
thanksgiving, present your requests to God.

3월 2일 · **누가복음 12장 31절**

☐ 오직 너희는 그의 나라를 구하라 그리하면 이
런 것을 너희에게 더하시리라

3월 3일 · **빌립보서 4장 6절, 누가복음 12장 31절**

☐ 아무 것도

☐ 오직 너희는

3월 4일 **시편 55편 22절**

☐ 네 짐을 여호와께 맡겨 버리라 너를 붙드시고 의인의 요동함을 영영히 허락지 아니하시리로다

3월 5일 **마태복음 7장 7절**

☐ 구하라 그러면 너희에게 주실 것이요 찾으라 그러면 찾을 것이요 문을 두드리라 그러면 너희에게 열릴 것이니

3월 6일 **시편 55편 22절, 마태복음 7장 7절**

☐ 네 짐을

☐ 구하라 그러면

3월 7일 **일주일 복습**

☐ 빌립보서 4:6
아무

☐ 시편 55:22
네

☐ 누가복음 12:31
오직

☐ 마태복음 7:7
구하라

37

3월 8일 마태복음 21장 22절

너희가 기도할 때에 무엇이든지 믿고 구하는 것은 다 받으리라 하시니라

If you believe, you will receive whatever you ask for in prayer."

3월 9일 마가복음 11장 24절

그러므로 내가 너희에게 말하노니 무엇이든지 기도하고 구하는 것은 받은 줄로 믿으라 그리하면 너희에게 그대로 되리라

3월 10일 마태복음 21장 22절, 마가복음 11장 24절

너희가 기도할

그러므로 내가

3월 11일 요한복음 15장 7절

너희가 내 안에 거하고 내 말이 너희 안에 거하
면 무엇이든지 원하는대로 구하라 그리하면 이
루리라

3월 12일 요한복음 14장 14절

내 이름으로 무엇이든지 내게 구하면 내가 시
행하리라

3월 13일 요한복음 15장 7절, 요한복음 14장 14절

너희가 내

내 이름으로

3월 14일 일주일 복습

마태복음 21:22
너희가

마가복음 11:24
그러므로

요한복음 15:7
너희가

요한복음 14:14
내

3월 15일 요한복음 16장 24절

☐ 지금까지는 너희가 내 이름으로 아무 것도 구하지 아니하였으나 구하라 그리하면 받으리니 너희 기쁨이 충만하리라

In that day you will no longer ask me anything. I tell you the truth, my Father will give you whatever you ask in my name.

3월 16일 시편 37편 39절

☐ 의인의 구원은 여호와께 있으니 그는 환난 때에 저의 산성이시로다

3월 17일 요한복음 16장 24절, 시편 37편 39절

☐ 지금까지는 너희가

☐ 의인의 구원은

3월 18일 예레미야 29장 12절

너희는 내게 부르짖으며 와서 내게 기도하면 내가 너희를 들을 것이요

3월 19일 시편 119편 169절

여호와여 나의 부르짖음이 주의 앞에 이르게 하시고 주의 말씀대로 나를 깨닫게 하소서

3월 20일 예레미야 29장 12절, 시편 119편 169절

너희는 내게

여호와여 나의

3월 21일 일주일 복습

요한복음 16:24
지금까지는

시편 37:39
의인의

예레미야 29:12
너희는

시편 119:169
여호와여

41

3월 22일 골로새서 4장 2절

☐ 기도를 항상 힘쓰고 기도에 감사함으로 깨어
있으라

Devote yourselves to prayer, being watchful and
thankful.

3월 23일 사도행전 2장 42절

☐ 저희가 사도의 가르침을 받아 서로 교제하며
떡을 떼며 기도하기를 전혀 힘쓰니라

3월 24일 골로새서 4장 2절, 사도행전 2장 42절

☐ 기도를 항상

☐ 저희가 사도의

3월 25일 시편 5편 3절

□ 여호와여 아침에 주께서 나의 소리를 들으시리니 아침에 내가 주께 기도하고 바라리이다

3월 26일 데살로니가전서 5장 17절

□ 쉬지 말고 기도하라

3월 27일 시편 5편 3절, 데살로니가전서 5장 17절

□ 여호와여 아침에

□ 쉬지 말고

3월 28일 일주일 복습

□ 골로새서 4:2
기도를

□ 시편 5:3
여호와여

□ 사도행전 2:42
저희가

□ 데살로니가전서 5:17
쉬지

3월 29일 빌립보서 4장 6절, 마태복음 21장 22절

☐

☐

3월 30일 요한복음 16장 24절, 골로새서 4장 2절

☐

☐

기도 祈禱 prayer

신자와 하나님과의 교제 또는 대화. 성경에는 기도의 장소나 시간에 대해서는 특별한 언급이 없다. 단지 드러내기 위한 기도만이 문제될 뿐이다(마6:5,6). 언제 어디서든지 기도할 수 있다. 기도의 자세는 선 자세가 가장 정상적인 것으로 인정되나 자세에 대한 구체적 규제는 없다. 내용으로는 찬양, 감사, 회개, 간구, 중보기도가 있다.

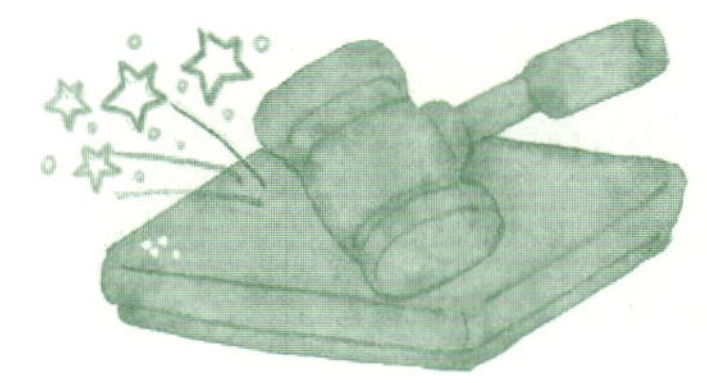

4월 · 구원

진리를 알지니 진리가 너희를 자유케 하리라
(요한복음 8:32)

4월 1일 요한복음 8장 32절

진리를 알지니 진리가 너희를 자유케 하리라

Then you will know the truth, and the truth will set you free.

4월 2일 시편 3편 3절

여호와여 주는 나의 방패시요 나의 영광이시요
나의 머리를 드시는 자니이다

4월 3일 요한복음 8장 32절, 시편 3편 3절

진리를 알지니

여호와여 주는

4월 4일　**마태복음 24장 35절**

□　천지는 없어지겠으나 내 말은 없어지지 아니하
리라

4월 5일　**잠언 16장 1절**

□　마음의 경영은 사람에게 있어도 말의 응답은
여호와께로서 나느니라

4월 6일　**마태복음 24장 35절, 잠언 16장 1절**

□　천지는 없어지겠으나

□　마음의 경영은

4월 7일　**일주일 복습**

□　요한복음 8:32
진리를

□　마태복음 24:35
천지는

□　시편 3:3
여호와여

□　잠언 16:1
마음의

4월 8일 요한복음 3장 16절

하나님이 세상을 이처럼 사랑하사 독생자를 주셨으니 이는 저를 믿는 자마다 멸망치 않고 영생을 얻게 하려 하심이니라

For God so loved the world that he gave his one and only Son, that whoever believes in him shall not perish but have eternal life.

4월 9일 로마서 10장 10절

사람이 마음으로 믿어 의에 이르고 입으로 시인하여 구원에 이르느니라

4월 10일 요한복음 3장 16절, 로마서 10장 10절

하나님이 세상을

사람이 마음으로

4월 11일   **요한복음 14장 6절**

☐ 예수께서 가라사대 내가 곧 길이요 진리요 생
명이니 나로 말미암지 않고는 아버지께로 올
자가 없느니라

4월 12일   **요한복음 7장 38절**

☐ 나를 믿는 자는 성경에 이름과 같이 그 배에서
생수의 강이 흘러나리라 하시니

4월 13일   **요한복음 14장 6절, 요한복음 7장 38절**

☐ 예수께서 가라사대

☐ 나를 믿는

4월 14일   **일주일 복습**

☐ 요한복음 3:16   ☐ 로마서 10:10
하나님이   사람이

☐ 요한복음 14:6   ☐ 요한복음 7:38
예수께서   나를

4월 15일 요한복음 1장 12절

☐ 영접하는 자 곧 그 이름을 믿는 자들에게는 하나님의 자녀가 되는 권세를 주셨으니

Yet to all who received him, to those who believed in his name, he gave the right to become children of God-

4월 16일 요한복음 3장 3절

☐ 예수께서 대답하여 가라사대 진실로 진실로 네게 이르노니 사람이 거듭나지 아니하면 하나님 나라를 볼 수 없느니라

4월 17일 요한복음 1장 12절, 요한복음 3장 3절

☐ 영접하는 자

☐ 예수께서 대답하여

4월 18일 **요한복음 11장 25,26절**

예수께서 가라사대 나는 부활이요 생명이니 나를 믿는 자는 죽어도 살겠고 무릇 살아서 나를 믿는 자는 영원히 죽지 아니하리니 이것을 네가 믿느냐

4월 19일 **요한복음 5장 24절**

내가 진실로 진실로 너희에게 이르노니 내 말을 듣고 또 나 보내신 이를 믿는 자는 영생을 얻었고 심판에 이르지 아니 하나니 사망에서 생명으로 옮겼느니라

4월 20일 **요한복음 11장 25,26절, 요한복음 5장 24절**

예수께서 가라사대

내가 진실로

4월 21일 **일주일 복습**

요한복음 1:12
영접하는

요한복음 3:3
예수께서

요한복음 11:25,26
예수께서

요한복음 5:24
내가

4월 22일 마태복음 16장 16절

☐ 시몬 베드로가 대답하여 가로되 주는 그리스도시요 살아계신 하나님의 아들이시니이다

Simon Peter answered, "You are the Christ, the Son of the living God."

4월 23일 마가복음 16장 15,16절

☐ 또 가라사대 너희는 온 천하에 다니며 만민에게 복음을 전파하라 믿고 세례를 받는 사람은 구원을 얻을 것이요 믿지 않는 사람은 정죄를 받으리라

4월 24일 마태복음 16장 16절, 마가복음 16장 15,16절

☐ 시몬 베드로가

☐ 또 가라사대

4월 25일 마태복음 26장 28절

이것은 죄 사함을 얻게 하려고 많은 사람을 위하여 흘리는바 나의 피 곧 언약의 피니라

4월 26일 요한복음 8장 47절

하나님께 속한 자는 하나님의 말씀을 듣나니 너희가 듣지 아니함은 하나님께 속하지 아니하였음이로다

4월 27일 마태복음 26장 28절, 요한복음 8장 47절

이것은 죄

하나님께 속한

4월 28일 일주일 복습

마태복음 16:16
시몬

마가복음 16:15,16
또

마태복음 26:28
이것은

요한복음 8:47
하나님께

부활절 Easter Day

부활절(Easter Day)은 그리스도의 죽음과 부활을 기념하는 날로입니다. 영어 이름의 기원은 춘분에 행하던 축제 Eostre(Eastre의 다른 표기)에서 그 이름을 가져왔습니다.

부활절은 춘분후 만월(滿月)이 지난 첫 주일에 지켜지게 된다. 부활절의 날짜는 매년 사순절, 그리고 오순절 이후에 오는 절기의 길이를 정해 주게 됩니다.

이날은 추운 겨울동안 죽은 듯 숨어있던 아름다운 생명들이 찬란한 햇살 아래 '다시살아' 나오는 아름다운 새봄을 맞이하며, 형형색색의 맛있는 달걀과 함께 그 의미를 되새기는 축제를 부활절(Easter Day)이라고 합니다.

부활절 계란을 주고 받는 풍습은 어떻게 해서 생겨나게 된 것일까요? 미국에서 자리잡게 된 것은 남북전쟁 이후였습니다. 부활절을 축하하기 위해서 계란을 사용하게 된 것은 "모든 생명은 알에서부터 나온다."라는 로마의 속담은 차치하더라도 어느 정도 기독교와 밀접한 관계가 있었습니다.

부활절 아침이 되면 미국 친구들은 사냥을 나갑니다. 바로 달걀을 찾아 나서는 것이랍니다. 부활절에는 색색깔의 달걀, 황금색 셀로판지로 싼 달걀들을 곳곳에 숨겨놓고 마치 보물찾

기를 하듯이 찾아냅니다. 이걸 '달걀사냥' (Egg Hunting)이라고 부릅니다.

고대 이집트와 페르시아에서는 춘분에 예쁘게 장식한 달걀을 교환했다고 합니다. 왜냐하면 무생명체 같아 보이는 달걀을 깨고 나오는 새로운 생명이 고대인들에게는 무한한 힘과 신비로움으로 여겨졌기 때문입니다. 또한 중세에는 달걀을 창조와 풍성, 새로운 탄생의 상징으로 여겨 하인들과 아이들에게 선물과 함께 장식한 달걀을 나누어주었다고 합니다.

부활절 토끼(Easter Bunny)의 풍습을 미국에 전한 이들은 독일인들입니다. 독일의 여러 지방에서는 부활절 토끼가 부활절 전의 목요일에는 빨간색의 달걀을, 부활절 전날 밤에는 여러 가지 색깔의 달걀을 낳아 곳곳에 숨겨놓는다는 이야기가 전해집니다. 사실 이 부활절 토끼(Eater Bunny)는 부활절 명칭의 유래인 여신 이스트레(Eastre)의 심벌임과 동시에 젊음과 풍요의 상징이기도 합니다.

4월 29일 요한복음 8장 32절, 요한복음 3장 16절

☐

☐

4월 30일 요한복음 1장 12절, 마태복음 16장 16절

☐

☐

여호와는 왜 잔잔한 물가로 인도하실까?

시편 23편

다윗은 여호와를 목자로, 자신은 양에 비유하였습니다. 목자이신 여호와는 양을 '쉴만한 물가', 즉 잔잔한 물가로 인도하십니다(2절). 목자는 왜 잔잔한 물가로 양을 인도하시는 것일까요? 여기에는 양의 독특한 습성이 반영되어 있습니다. 양은 잔잔한 물에서만 물을 마시고 흐르는 물에서는 물을 마시지 않습니다.

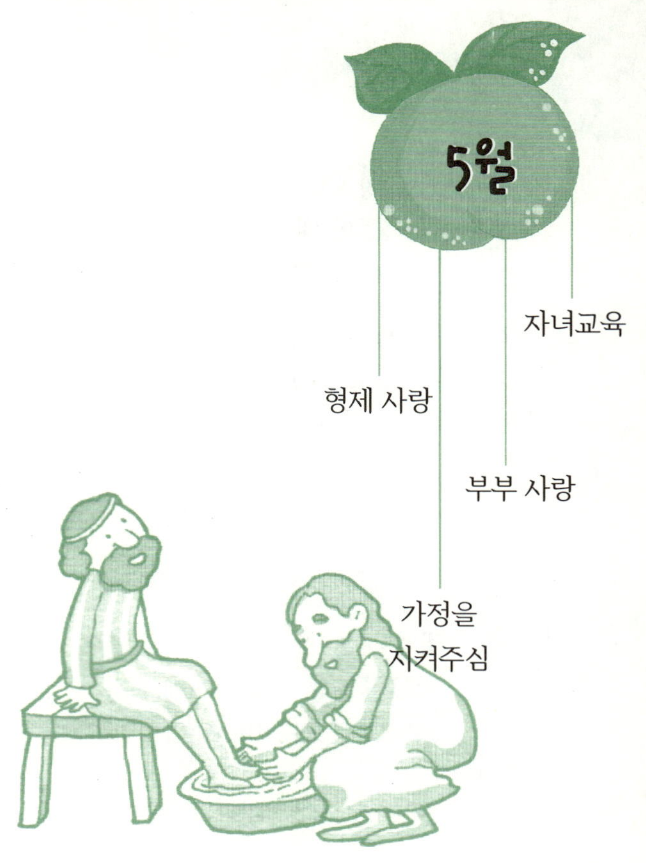

5월 · 가정

자녀들아 너희 부모를 주 안에서 순종하라
이것이 옳으니라
(에베소서 6:1)

5월 1일　잠언 1장 8절

□ 내 아들아 네 아비의 훈계를 들으며 네 어미의 법을 떠나지 말라

Listen, my son, to your father's instruction and do not forsake your mother's teaching.

5월 2일　잠언 22장 6절

□ 마땅히 행할 길을 아이에게 가르치라 그리하면 늙어도 그것을 떠나지 아니하리라

5월 3일　잠언 1장 8절, 잠언 22장 6절

□ 내 아들아

□ 마땅히 행할

5월 4일　에베소서 6장 1절

☐ 자녀들아 너희 부모를 주 안에서 순종하라 이것이 옳으니라

5월 5일　에베소서 6장 4절

☐ 또 아비들아 너희 자녀를 노엽게 하지 말고 오직 주의 교양과 훈계로 양육하라

5월 6일　에베소서 6장 1절, 에베소서 6장 4절

☐ 자녀들아 너희

☐ 또 아비들아

5월 7일　일주일 복습

☐	잠언 1:8 내	☐	잠언 22:6 마땅히
☐	에베소서 6:1 자녀들아	☐	에베소서 6:4 또

5월 8일　로마서 12장 10절

형제를 사랑하여 서로 우애하고 존경하기를 서
로 먼저 하며

Be devoted to one another in brotherly love.
Honor one another above yourselves.

5월 9일　요한일서 3장 18절

자녀들아 우리가 말과 혀로만 사랑하지 말고
오직 행함과 진실함으로 하자

5월 10일　로마서 12장 10절, 요한일서 3장 18절

형제를 사랑하여

자녀들아 우리가

5월 11일 **마태복음 18장 35절**

너희가 각각 중심으로 형제를 용서하지 아니하면 내 천부께서도 너희에게 이와 같이 하시리라

5월 12일 **마태복음 5장 24절**

예물을 제단 앞에 두고 먼저 가서 형제와 화목하고 그 후에 와서 예물을 드리라

5월 13일 **마태복음 18장 35절, 마태복음 5장 24절**

너희가 각각

예물을 제단

5월 14일 **일주일 복습**

로마서 12:10
형제를

마태복음 18:35
너희가

요한일서 3:18
자녀들아

마태복음 5:24
예물을

5월 15일 에베소서 5장 33절

그러나 너희도 각각 자기의 아내 사랑하기를
자기같이 하고 아내도 그 남편을 경외하라

But seek his kingdom, and these things will be
given to you as well.

5월 16일 시편 23편 6절

나의 평생에 선하심과 인자하심이 정녕 나를
따르리니 내가 여호와의 집에 영원히 거하리로
다

5월 17일 에베소서 5장 33절, 시편 23편 6절

그러나 너희도

나의 평생에

5월 18일 갈라디아서 5장 13절

형제들아 너희가 자유를 위하여 부르심을 입었
으나 그러나 그 자유로 육체의 기회를 삼지 말
고 오직 사랑으로 서로 종노릇하라

5월 19일 에베소서 5장 25절

남편들아 아내 사랑하기를 그리스도께서 교회
를 사랑하시고 위하여 자신을 주심같이 하라

5월 20일 갈라디아서 5장 13절, 에베소서 5장 25절

형제들아 너희가

남편들아 아내

5월 21일 일주일 복습

에베소서 5:33	시편 23:6
그러나	나의
갈라디아서 5:13	에베소서 5:25
형제들아	남편들아

5월 22일 이사야 41장 10절

□ 놀라지 말라 나는 네 하나님이 됨이니라 내가 너를 굳세게 하리라 참으로 너를 도와 주리라 참으로 나의 의로운 오른손으로 너를 붙들리라

So do not fear, for I am with you; do not be dismayed, for I am your God. I will strengthen you and help you; I will uphold you with my righteous right hand.

5월 23일 시편 127편 1절

□ 여호와께서 집을 세우지 아니하시면 세우는 자의 수고가 헛되며 여호와께서 성을 지키지 아니하시면 파숫군의 경성함이 허사로다

5월 24일 이사야 41장 10절, 시편 127편 1절

□ 놀라지 말라

□ 여호와께서 집을

5월 25일 잠언 14장 26절

□ 여호와를 경외하는 자에게는 견고한 의뢰가 있
나니 그 자녀들에게 피난처가 있으리라

5월 26일 갈라디아서 4장 19절

□ 나의 자녀들아 너희 속에 그리스도의 형상이
이루기까지 다시 너희를 위하여 해산하는 수고
를 하노니

5월 27일 잠언 14장 26절, 갈라디아서 4장 19절

□ 여호와를 경외하는

□ 나의 자녀들아

5월 28일 일주일 복습

□ 이사야 41:10
놀라지

□ 잠언 14:26
여호와를

□ 시편 127:1
여호와께서

□ 갈라디아서 4:19
나의

65

5월 29일 잠언 1장 8절, 로마서 12장 10절

☐

☐

5월 30일 에베소서 5장 33절, 이사야 41장 10절

☐

☐

예수님의 가족수는 어떻게 될까?

정확히는 알 수 없지만 성경상에 나타난 야고보, 요셉, 유다, 시몬 그리고 몇몇 누이들이 있었다. 그런데 가족들이 이해하고 있는 예수님이란 어떤 분이셨을까? 안타깝게도 그들은 예수님을 제대로 알지 못했다. 그들은 예수님의 공생에 초기에는 제대로 믿지 못했지만, 예수님의 부활이후 참 구세주로 영접하였다. 특히 야고보는 초대교회의 지도자로서 사역을 감당했으며, 신약의 잠언이라고 불리는 야고보서의 저자가 되었다. 그리고 유다는 예루살렘교회의 사랑받는 목회자이자 유다서의 저자가 되었다.

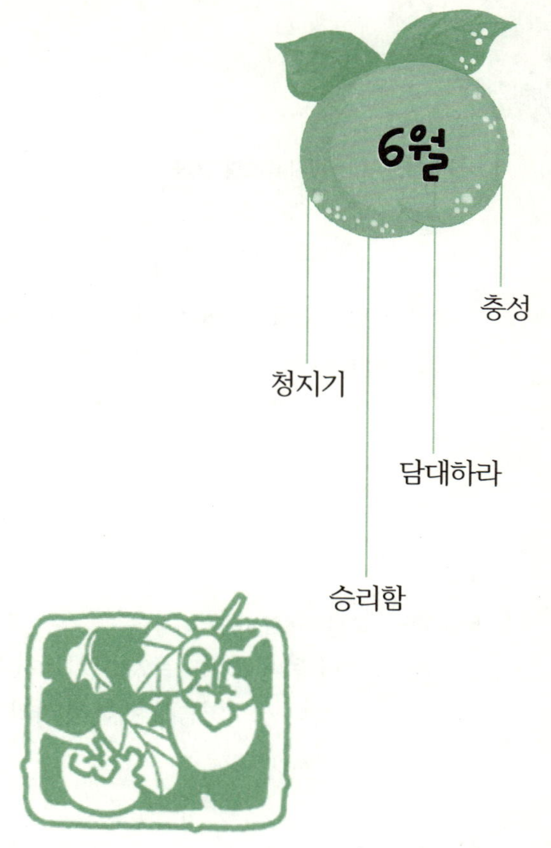

6월 · 충성

그리고 맡은 자들에게 구할 것은 충성이니라
(고린도전서 4:2)

6월 1일 **요한계시록 2장 10절**

네가 죽도록 충성하라 그리하면 내가 생명의
면류관을 네게 주리라

Be faithful, even to the point of death, and I will
give you the crown of life

6월 2일 **고린도전서 10장 31절**

그런즉 너희가 먹든지 마시든지 무엇을 하든지
다 하나님의 영광을 위하여 하라

6월 3일 **요한계시록 2장 10절, 고린도전서 10장 31절**

네가 죽도록

그런즉 너희가

6월 4일　고린도전서 4장 2절

☐ 그리고 맡은 자들에게 구할 것은 충성이니라

6월 5일　마태복음 10장 39절

☐ 자기 목숨을 얻는 자는 잃을 것이요 나를 위하여 자기 목숨을 잃는 자는 얻으리라

6월 6일　고린도전서 4장 2절, 마태복음 10장 39절

☐ 그리고 맡은

☐ 자기 목숨을

6월 7일　일주일 복습

☐ 요한계시록 2:10
네가

☐ 고린도전서 4:2
그리고

☐ 고린도전서 10:31
그런즉

☐ 마태복음 10:39
자기

6월 8일   **베드로전서 4장 10절**

각각 은사를 받은 대로 하나님의 각양 은혜를
맡은 선한 청지기 같이 서로 봉사하라

Each one should use whatever gift he has received
to serve others, faithfully administering God's
grace in its various forms.

6월 9일   **골로새서 3장 23절**

무슨 일을 하든지 마음을 다하여 주께 하듯 하
고 사람에게 하듯 하지 말라

6월 10일   **베드로전서 4장 10절, 골로새서 3장 23절**

각각 은사를

무슨 일을

6월 11일 **욥기 23장 10절**

☐ 나의 가는 길을 오직 그가 아시나니 그가 나를
단련하신 후에는 내가 정금 같이 나오리라

6월 12일 **히브리서 6장 12절**

☐ 게으르지 아니하고 믿음과 오래 참음으로 말미
암아 약속들을 기업으로 받는 자들을 본받는
자 되게 하려는 것이니라

6월 13일 **욥기 23장 10절, 히브리서 6장 12절**

☐ 나의 가는

☐ 게으리지 아니하고

6월 14일 **일주일 복습**

☐ 베드로전서 4:10 각각		☐ 골로새서 3:23 무슨	
☐ 욥기 23:10 나의		☐ 히브리서 6:12 게으리지	

6월 15일 **히브리서 10장 35절**

☐ 그러므로 너희 담대함을 버리지 말라 이것이
큰 상을 얻으리라

So do not throw away your confidence; it will be
richly rewarded.

6월 16일 **시편 61편 1절**

☐ 하나님이여 나의 부르짖음을 들으시며 내 기도
에 유의하소서

6월 17일 **히브리서 10장 35절, 시편 61편 1절**

☐ 그러므로 너희

☐ 하나님이여 나의

6월 18일 **시편 16편 8절**

내가 여호와를 항상 내 앞에 모심이여 그가 내
우편에 계시므로 내가 요동치 아니하리로다

6월 19일 **요한일서 5장 4절**

대저 하나님께로서 난 자마다 세상을 이기느니
라 세상을 이긴 이김은 이것이니 우리의 믿음
이니라

6월 20일 **시편 16편 8절, 요한일서 5장 4절**

내가 여호와를

대저 하나님께로서

6월 21일 **일주일 복습**

히브리서 10:35
그러므로

시편 61:1
너희

시편 16:8
내가

요한일서 5:4
대저

73

6월 22일 이사야 40장 31절

☐ 오직 여호와를 앙망하는 자는 새 힘을 얻으리니 독수리의 날개치며 올라감 같을 것이요 달음박질하여도 곤비치 아니하겠고 걸어가도 피곤치 아니하리로다

but those who hope in the LORD will renew their strength. They will soar on wings like eagles; they will run and not grow weary, they will walk and not be faint.

6월 23일 고린도후서 10장 4절

☐ 우리의 싸우는 병기는 육체에 속한 것이 아니요 오직 하나님 앞에서 견고한 진을 파하는 강력이라

6월 24일 이사야 40장 31절, 고린도후서 10장 4절

☐ 오직 여호와를

☐ 우리의 싸우는

6월 25일 로마서 8장 37절

□ 그러나 이 모든 일에 우리를 사랑하시는 이로 말미암아 우리가 넉넉히 이기느니라

6월 26일 로마서 14장 8절

□ 우리가 살아도 주를 위하여 살고 죽어도 주를 위하여 죽나니 그러므로 사나 죽으나 우리가 주의 것이로라

6월 27일 로마서 8장 37절, 로마서 14장 8절

□ 그러나 이

□ 우리가 살아도

6월 28일 일주일 복습

□ 이사야 40:31
오직

□ 로마서 8:37
그러나

□ 고린도후서 10:4
우리의

□ 로마서 14:8
우리가

75

6월 29일 요한계시록 2장 10절, 베드로전서 4장 10절

☐

☐

6월 30일 히브리서 10장 35절, 이사야 40장 31절

☐

☐

서기관

서기관들(scribes)은 율법에 능숙한 직업적인 학자계급이었다. 율법은 주로 제사의식에 관한 규정이므로 초기의 서기관들은 서기관 겸 제사장이기도 했다(예, 에스라). 그러나 신구약 중간기에 율법과 회당의 중요성이 더욱 높아지자 (비전문적인) 성경학자 계급이 생겨나게 되었다. 이들의 일은 율법을 세밀하게 해석하여 그 안에 담긴 뜻을 해명해 주는 것 뿐만 아니라 율법의 요구사항들을 후대에 전수시키는 것이었다.

마태복음 23장에는 주님께서 서기관들의 위선과 교만, 완고한 마음을 엄히 꾸짖은 사실이 기록되어 있다.

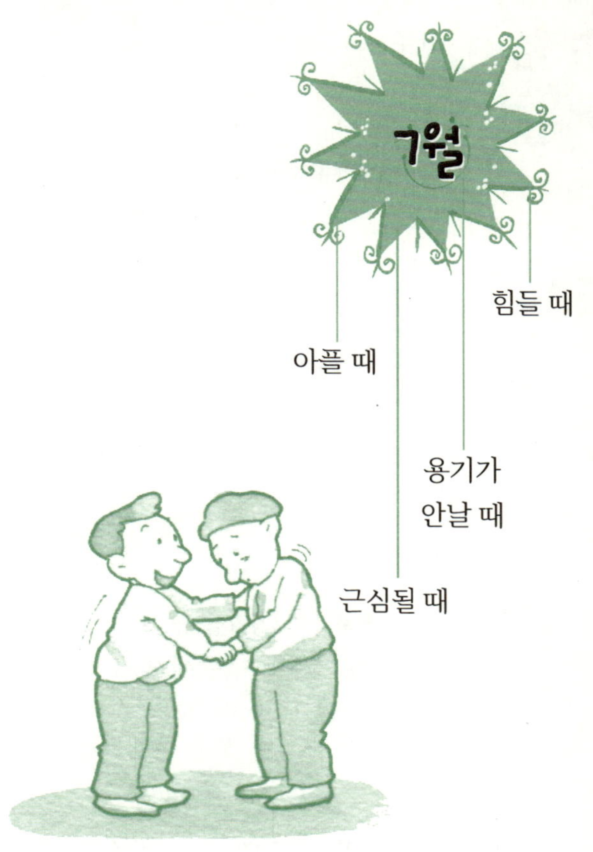

7월 · 치유

주께서 심지가 견고한 자를 평강에 평강으로 지키시리니
이는 그가 주를 의뢰함이니이다
(이사야 26:3)

7월 1일 **로마서 8장 28절**

우리가 알거니와 하나님을 사랑하는 자 곧 그 뜻대로 부르심을 입은 자들에게는 모든 것이 합력하여 선을 이루느니라

And we know that in all things God works for the good of those who love him, who have been called according to his purpose.

7월 2일 **베드로전서 5장 7절**

너희 염려를 다 주께 맡겨 버리라 이는 저가 너희를 권고하심이니라

7월 3일 **로마서 8장 28절, 베드로전서 5장 7절**

우리가 알거니와

너희 염려를

7월 4일　시편 121편 2절

나의 도움이 천지를 지으신 여호와에게서로다

7월 5일　로마서 5장 3,4절

다만 이뿐 아니라 우리가 환난 중에도 즐거워하나니 이는 환난은 인내를 인내는 연단을 연단은 소망을 이루는 줄 앎이로다

7월 6일　시편 121편 2절, 로마서 5장 3,4절

나의 도움이

다만 이뿐

7월 7일　**일주일 복습**

로마서 8:28
우리가

베드로전서 5:7
너희

시편 121:2
나의

로마서 5:3,4
다만

79

7월 8일 **요한삼서 1장 2절**

사랑하는 자여 네 영혼이 잘 됨같이 네가 범사
에 잘되고 강건하기를 내가 간구하노라

Dear friend, I pray that you may enjoy good
health and that all may go well with you, even as
your soul is getting along well.

7월 9일 **히브리서 13장 8절**

예수 그리스도는 어제나 오늘이나 영원토록 동
일하시니라

7월 10일 **요한삼서 1장 2절, 히브리서 13장 8절**

사랑하는 자여

예수 그리스도는

7월 11일 이사야 53장 5절

그가 찔림은 우리의 허물을 인함이요 그가 상함은 우리의 죄악을 인함이라 그가 징계를 받음으로 우리가 평화를 누리고 그가 채찍에 맞음으로 우리가 나음을 입었도다

7월 12일 예레미야 17장 14절

여호와여 주는 나의 찬송이시오니 나를 고치소서 그리하시면 내가 낫겠나이다 나를 구원하소서 그리하시면 내가 구원을 얻으리이다

7월 13일 이사야 53장 5절, 예레미야 17장 14절

그가 찔림은

여호와여 주는

7월 14일 일주일 복습

요한삼서 1:2
사랑하는

히브리서 13:8
예수

이사야 53:5
그가

예레미야 17:14
여호와여

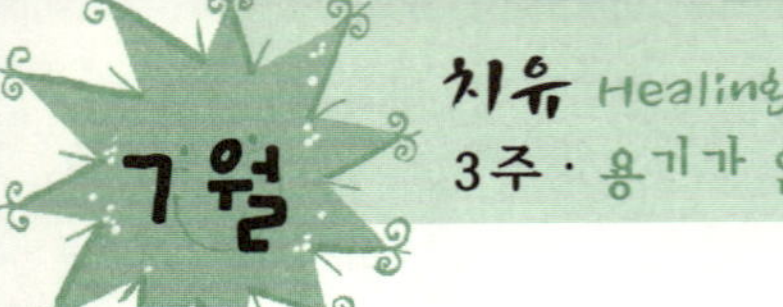

7월 15일 **빌립보서 4장 13절**

내게 능력 주시는 자 안에서 내가 모든 것을 할 수 있느니라

I can do everything through him who gives me strength.

7월 16일 **요한일서 5장 15절**

우리가 무엇이든지 구하는 바를 들으시는 줄을 안즉 우리가 그에게 구한 그것을 얻은 줄을 또한 아느니라

7월 17일 **빌립보서 4장 13절, 요한일서 5장 15절**

내게 능력

우리가 무엇이든지

7월 18일 베드로전서 5장 6절

☐ 그러므로 하나님의 능하신 손 아래서 겸손하라 때가 되면 너희를 높이시리라

7월 19일 에베소서 3장 12절

☐ 우리가 그 안에서 그를 믿음으로 말미암아 담대함과 하나님께 당당히 나아감을 얻느니라

7월 20일 베드로전서 5장 6절, 에베소서 3장 12절

☐ 그러므로 하나님의

☐ 우리가 그

7월 21일 일주일 복습

☐ 빌립보서 4:13
내게

☐ 요한일서 5:15
우리가

☐ 베드로전서 5:6
그러므로

☐ 에베소서 3:12
우리가

83

7월 22일 시편 43편 5절

내 영혼아 네가 어찌하여 낙망하며 어찌하여 내 속에서 불안하여 하는고 너는 하나님을 바라라 나는 내 얼굴을 도우시는 내 하나님을 오히려 찬송하리로다

Why are you downcast, O my soul? Why so disturbed within me? Put your hope in God, for I will yet praise him, my Savior and my God.

7월 23일 시편 9편 10절

여호와여 주의 이름을 아는 자는 주를 의지하오리니 이는 주를 찾는 자들을 버리지 아니하심이니이다

7월 24일 시편 43편 5절, 시편 9편 10절

내 영혼아

여호와여 주의

7월 25일 신명기 31장 6절

너는 마음을 강하게 하고 담대히 하라 그들을 두려워 말라 그들 앞에서 떨지 말라 이는 네 하나님 여호와 그가 너와 함께 행하실 것임이라 반드시 너를 떠나지 아니하시며 버리지 아니하시리라 하고

7월 26일 마태복음 28장 20절

내가 너희에게 분부한 모든 것을 가르쳐 지키게 하라 볼찌어다 내가 세상 끝날까지 너희와 항상 함께 있으리라 하시니라

7월 27일 신명기 31장 6절, 마태복음 28장 20절

너는 마음을

내가 너희에게

7월 28일 일주일 복습

시편 43:5
내

시편 9:10
여호와여

신명기 31:6
너는

마태복음 28:20
내가

7월 29일 로마서 8장 28절, 요한삼서 1장 2절

7월 30일 빌립보서 4장 13절, 시편 43편 5절

예수님도 할례를 받았을까?

우리가 알고 있는 할례는 '포경수술'과 같은 것으로 남자 성기의 표피를 제거하는 것이다. 고대 이방 민족들이 성년식으로 수행했는데, 이스라엘 민족에게는 특별한 의미로 하나님께서 아브라함과 맺으신 언약에 대한 상징으로써(창17:11) 아브라함과 그 자손들이 행할 의무가 되었다. 그래서 예수님도 태어난 지 8일만에 할례를 받기는 하셨지만(눅 2:21) 그 이후로는 언약의 표징인 외형상의 할례보다는 마음의 할례(거듭남)를 예수님은 강조하셨다.

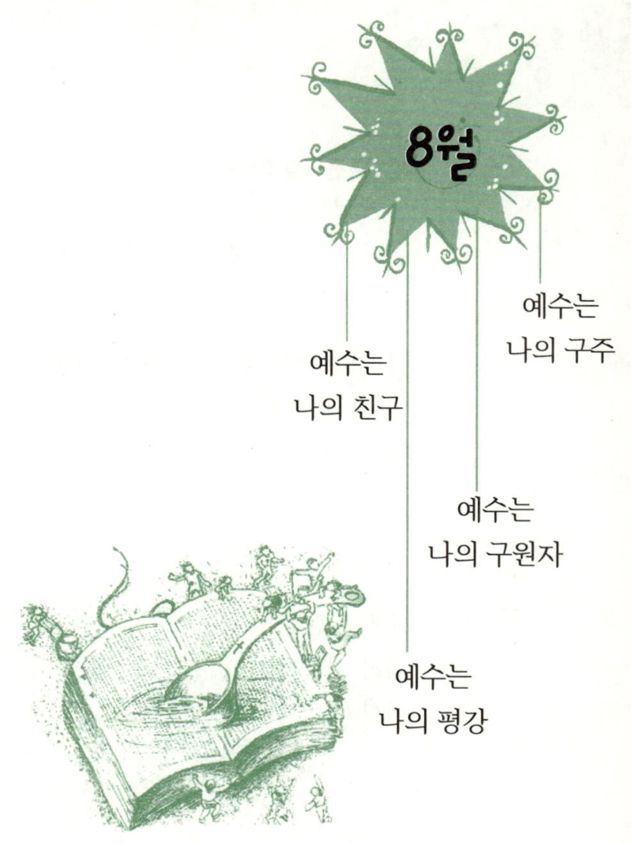

8월 · 예수 그리스도

우리가 살아도 주를 위하여 살고 죽어도 주를 위하여 죽나니
그러므로 사나 죽으나 우리가 주의 것이로라

(로마서 14:8)

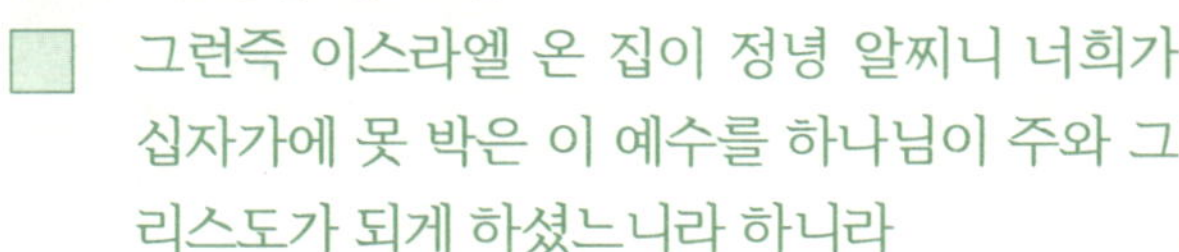

8월 1일　사도행전 2장 36절

☐ 그런즉 이스라엘 온 집이 정녕 알찌니 너희가 십자가에 못 박은 이 예수를 하나님이 주와 그리스도가 되게 하셨느니라 하니라

"Therefore let all Israel be assured of this장 God has made this Jesus, whom you crucified, both Lord and Christ."

8월 2일　시편 40편 1절

☐ 내가 여호와를 기다리고 기다렸더니 귀를 기울이사 나의 부르짖음을 들으셨도다

8월 3일　사도행전 2장 36절, 시편 40편 1절

☐ 그런즉 이스라엘

☐ 내가 여호와를

8월 4일 **마가복음 12장 30,31절**

네 마음을 다하고 목숨을 다하고 뜻을 다하고 힘을 다하여 주 너의 하나님을 사랑하라 하신 것이요 둘째는 이것이니 네 이웃을 네 몸과 같이 사랑하라 하신 것이라 이에서 더 큰 계명이 없느니라

8월 5일 **빌립보서 2장 9-11절**

이러므로 하나님이 그를 지극히 높여 모든 이름 위에 뛰어난 이름을 주사 하늘에 있는 자들과 땅에 있는 자들과 땅 아래 있는 자들로 모든 무릎을 예수의 이름에 꿇게 하시고 모든 입으로 예수 그리스도를 주라 시인하여 하나님 아버지께 영광을 돌리게 하셨느니라

8월 6일 **마가복음 12장 30,31절, 빌립보서 2장 9-11절**

네 마음을

이러므로 하나님이

8월 7일 **일주일 복습**

사도행전 2:36
그런즉

시편 40:1
내가

마가복음 12:30,31
네

빌립보서 2:9-11
이러므로

89

8월 8일 **요한복음 15장 12절**

내 계명은 곧 내가 너희를 사랑한 것같이 너희도 서로 사랑
하라 하는 이것이니라

My command is this: Love each other as I have loved you.

8월 9일 **고린도전서 1장 9절**

너희를 불러 그의 아들 예수 그리스도 우리 주
로 더불어 교제케 하시는 하나님은 미쁘시도다

8월 10일 **요한복음 15장 12절, 고린도전서 1장 9절**

내 계명은

너희를 불러

8월 11일 **야고보서 4장 8절**

하나님을 가까이 하라 그리하면 너희를 가까이
하시리라 죄인들아 손을 깨끗이 하라 두 마음
을 품은 자들아 마음을 성결케 하라

8월 12일 **갈라디아서 3장 26절**

너희가 다 믿음으로 말미암아 그리스도 예수
안에서 하나님의 아들이 되었으니

8월 13일 **야고보서 4장 8절, 갈라디아서 3장 26절**

하나님을 가까이

너희가 다

8월 14일 **일주일 복습**

요한복음 15:12
내

고린도전서 1:9
너희를

야고보서 4:8
하나님을

갈라디아서 3:26
너희가

91

8월 15일 고린도후서 5장 17절

너희가 다 믿음으로 말미암아 그리스도 예수 안에서 하나님의 아들이 되었으니

Therefore, if anyone is in Christ, he is a new creation; the old has gone, the new has come!

8월 16일 에베소서 2장 8-9절

너희가 그 은혜를 인하여 믿음으로 말미암아 구원을 얻었나니 이것이 너희에게서 난 것이 아니요 하나님의 선물이라 행위에서 난 것이 아니니 이는 누구든지 자랑치 못하게 함이니라

8월 17일 고린도후서 5장 17절, 에베소서 2장 8-9절

너희가 다

너희가 그

8월 18일 로마서 10장 9절

네가 만일 네 입으로 예수를 주로 시인하며 또
하나님께서 그를 죽은 자 가운데서 살리신 것
을 네 마음에 믿으면 구원을 얻으리니

8월 19일 요한복음 14장 18절

내가 너희를 고아와 같이 버려 두지 아니하고
너희에게로 오리라

8월 20일 로마서 10장 9절, 요한복음 14장 18절

네가 만일

내가 너희를

8월 21일 일주일 복습

고린도후서 5:17
너희가

에베소서 2:8-9
너희가

로마서 10:9
네가

요한복음 14:18
내가

8월 22일 이사야 26장 3절

주께서 심지가 견고한 자를 평강에 평강으로 지키시리니 이는 그가 주를 의뢰함이니이다

You will keep in perfect peace him whose mind is steadfast, because he trusts in you.

8월 23일 빌립보서 4장 9절

너희는 내게 배우고 받고 듣고 본 바를 행하라 그리하면 평강의 하나님이 너희와 함께 계시리라

8월 24일 이사야 26장 3절, 빌립보서 4장 9절

주께서 심지가

너희는 내게

8월 25일 골로새서 3장 15절

☐ 그리스도의 평강이 너희 마음을 주장하게 하라 평강을 위하여 너희가 한 몸으로 부르심을 받았나니 또한 너희는 감사하는 자가 되라

8월 26일 시편 4편 8절

☐ 내가 평안히 눕고 자기도 하리니 나를 안전히 거하게 하시는 이는 오직 여호와시니이다

8월 27일 골로새서 3장 15절, 시편 4편 8절

☐ 그리스도의 평강이

☐ 내가 평안히

8월 28일 일주일 복습

☐ 이사야 26:3
주께서

☐ 골로새서 3:15
그리스도의

☐ 빌립보서 4:9
너희는

☐ 시편 4:8
내가

8월 29일 사도행전 2장 36절, 요한복음 15장 12절

☐

☐

8월 30일 고린도후서 5장 17절, 이사야 26장 3절

☐

☐

예수님의 가족은 무슨 돈으로 길을 떠났나?

헤롯의 유아학살로 인해 몸조리도 제대로 못한 채 떠난 마리아와 그의 남편 요셉, 더구나 마리아, 요셉 부부는 매우 가난했다.

그렇다면 그들은 무슨 돈으로 그 먼 땅, 애굽으로 떠났나?

그것은 바로 동방 박사들이 가져온 예물들로 여행 경비를 마련한 것이다.

9월 · 약속

온유한 자는 복이 있나니
저희가 땅을 기업으로 받을 것임이요
(마태복음 5:5)

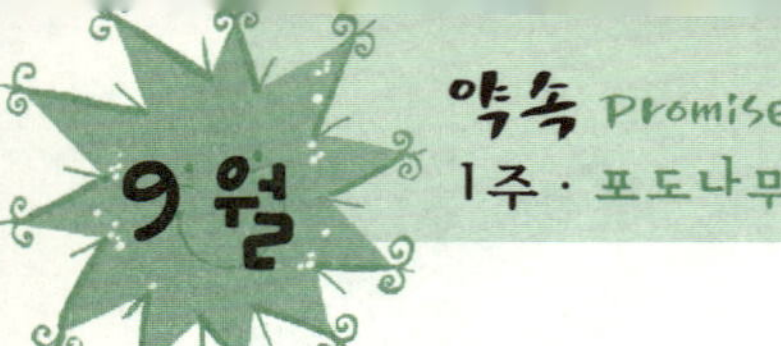

9월 1일 요한복음 15장 5절

나는 포도나무요 너희는 가지니 저가 내 안에, 내가 저 안에 있으면 이 사람은 과실을 많이 맺나니 나를 떠나서는 너희가 아무것도 할 수 없음이라

I am the vine; you are the branches. If a man remains in me and I in him, he will bear much fruit; apart from me you can do nothing.

9월 2일 야고보서 1장 5절

너희 중에 누구든지 지혜가 부족하거든 모든 사람에게 후히 주시고 꾸짖지 아니하시는 하나님께 구하라 그리하면 주시리라

9월 3일 요한복음 15장 5절, 야고보서 1장 5절

나는 포도나무요

너희 중에

9월 4일 **베드로전서 4장 16절**

만일 그리스도인으로 고난을 받은즉 부끄러워 말고 도리어 그 이름으로 하나님께 영광을 돌리라

9월 5일 **여호수아 1장 8절**

이 율법책을 네 입에서 떠나지 말게 하며 주야로 그것을 묵상하여 그 가운데 기록한대로 다 지켜 행하라 그리하면 네 길이 평탄하게 될 것이라 네가 형통하리라

9월 6일 **베드로전서 4장 16절, 여호수아 1장 8절**

만일 그리스도인으로

이 율법책을

9월 7일 **일주일 복습**

요한복음 15:5
나는

야고보서 1:5
너희

베드로전서 4:16
만일

여호수아 1:8
이

9월 8일 **마태복음 5장 5절**

온유한 자는 복이 있나니 저희가 땅을 기업으로 받을 것임이요

Blessed are the meek, for they will inherit the earth.

9월 9일 **이사야 1장 19절**

너희가 즐겨 순종하면 땅의 아름다운 소산을 먹을 것이요

9월 10일 **마태복음 5장 5절, 이사야 1장 19절**

온유한 자는

너희가 즐겨

9월 11일 **요한복음 15장 3절**

너희는 내가 일러 준 말로 이미 깨끗하였으니

9월 12일 **요한복음 16장 33절**

이것을 너희에게 이름은 너희로 내 안에서 평
안을 누리게 하려 함이라 세상에서는 너희가
환난을 당하나 담대하라 내가 세상을 이기었노
라 하시니라

9월 13일 **요한복음 15장 3절, 요한복음 16장 33절**

너희는 내가

이것을 너희에게

9월 14일 **일주일 복습**

마태복음 5:5
온유한

이사야 1:19
너희가

요한복음 15:3
너희는

요한복음 16:33
이것을

9월 15일 로마서 8장 32절

자기 아들을 아끼지 아니하시고 우리 모든 사람을 위하여 내어주신 이가 어찌 그 아들과 함께 모든 것을 우리에게 은사로 주지 아니 하시겠느뇨

He who did not spare his own Son, but gave him up for us all--how will he not also, along with him, graciously give us all things?

9월 16일 고린도전서 4장 20절

하나님의 나라는 말에 있지 아니하고 오직 능력에 있음이라

9월 17일 로마서 8장 32절, 고린도전서 4장 20절

자기 아들을

하나님의 나라는

9월 18일 갈라디아서 6장 9절

□ 우리가 선을 행하되 낙심하지 말찌니 피곤하지 아니하면 때가 이르매 거두리라

9월 19일 야고보서 4장 10절

□ 주 앞에서 낮추라 그리하면 주께서 너희를 높이시리라

9월 20일 갈라디아서 6장 9절, 야고보서 4장 10절

□ 우리가 선을

□ 주 앞에서

9월 21일 일주일 복습

□ 로마서 8:32
자기

□ 고린도전서 4:20
하나님의

□ 갈라디아서 6:9
우리가

□ 야고보서 4:10
주

9월 22일 갈라디아서 5장 16절

☐ 내가 이르노니 너희는 성령을 좇아 행하라 그리하면 육체의 욕심을 이루지 아니하리라

So I say, live by the Spirit, and you will not gratify the desires of the sinful nature.

9월 23일 에베소서 5장 18절

☐ 술 취하지 말라 이는 방탕한 것이니 오직 성령의 충만을 받으라

9월 24일 갈라디아서 5장 16절, 에베소서 5장 18절

☐ 내가 이르노니

☐ 술 취하지

9월 25일 요한복음 14장 26절

☐ 보혜사 곧 아버지께서 내 이름으로 보내실 성령 그가 너희에게 모든 것을 가르치시고 내가 너희에게 말한 모든 것을 생각나게 하시리라

9월 26일 로마서 8장 9절

☐ 만일 너희 속에 하나님의 영이 거하시면 너희가 육신에 있지 아니하고 영에 있나니 누구든지 그리스도의 영이 없으면 그리스도의 사람이 아니라

9월 27일 요한복음 14장 26절, 로마서 8장 9절

☐ 보혜사 곧

☐ 만일 너희

9월 28일 일주일 복습

☐ 갈라디아서 5:16
내가

☐ 에베소서 5:18
술

☐ 요한복음 14:26
보혜사

☐ 로마서 8:9
만일

105

9월 29일 요한복음 15장 5절, 마태복음 5장 5절

☐

☐

9월 30일 로마서 8장 32절, 갈라디아서 5장 16절

☐

☐

야곱의 사기 행각

야곱에게 복을 주신 것은 하나님의 은혜이지 결코 야곱의 잔꾀가 아니다. 야곱은 자신의 바르지 못한 행위로 인해 인생 가운데 많은 시련과 아픔을 겪었다. 그는 외삼촌 라반에게 속임을 당해 20년간 외삼촌 밑에서 일을 해야 했으며, 그리운 어머니 리브가를 평생보지 못하고 죽어야 했고, 가장 사랑하는 아들 요셉이 애굽에 팔려감으로써 자신의 나머지 자식들로부터 속임을 당하는 어처구니없는 상황을 맞이하기도 했다.

10월 · 전도

사람이 마음으로 믿어 의에 이르고
입으로 시인하여 구원에 이르느니라
(로마서 10:10)

10월 1일 **사도행전 1장 8절**

오직 성령이 너희에게 임하시면 너희가 권능을 받고 예루살렘과 온 유대와 사마리아와 땅 끝까지 이르러 내 증인이 되리라 하시니라

But you will receive power when the Holy Spirit comes on you; and you will be my witnesses in Jerusalem, and in all Judea and Samaria, and to the ends of the earth.

10월 2일 **마가복음 16장 15절**

또 가라사대 너희는 온 천하에 다니며 만민에게 복음을 전파하라

10월 3일 **사도행전 1장 8절, 마가복음 16장 15절**

오직 성령이

또 가라사대

10월 4일 **사도행전 20장 24절**

나의 달려갈 길과 주 예수께 받은 사명 곧 하나
님의 은혜의 복음 증거하는 일을 마치려 함에
는 나의 생명을 조금도 귀한 것으로 여기지 아
니하노라

10월 5일 **마태복음 28장 19,20절**

그러므로 너희는 가서 모든 족속으로 제자를 삼아 아버
지와 아들과 성령의 이름으로 세례를 주고 내가 너희에
게 분부한 모든 것을 가르쳐 지키게 하라 볼찌어다 내
가 세상 끝날까지 너희와 항상 함께 있으리라 하시니라

10월 6일 **사도행전 20장 24절, 마태복음 28장 19,20절**

나의 달려갈

그러므로 너희는

10월 7일 **일주일 복습**

사도행전 1:8
오직

마가복음 16:15
또

사도행전 20:24
나의

마태복음 28:19,20
그러므로

10월 8일 **로마서 6장 23절**

죄의 삯은 사망이요 하나님의 은사는 그리스도
예수 우리 주 안에 있는 영생이니라

**For the wages of sin is death, but the gift of God is
eternal life in Christ Jesus our Lor**

10월 9일 **히브리서 9장 27절**

한번 죽는 것은 사람에게 정하신 것이요 그 후
에는 심판이 있으리니

10월 10일 **로마서 6장 23절, 히브리서 9장 27절**

죄의 삯은

한번 죽는

10월 11일 로마서 3장 23절

☐ 모든 사람이 죄를 범하였으매 하나님의 영광에 이르지 못하더니

10월 12일 이사야 53장 6절

☐ 우리는 다 양 같아서 그릇 행하여 각기 제 길로 갔거늘 여호와께서는 우리 무리의 죄악을 그에게 담당시키셨도다

10월 13일 로마서 3장 23절, 이사야 53장 6절

☐ 모든 사람이

☐ 우리는 다

10월 14일 일주일 복습

☐ 로마서 6:23
죄의

☐ 로마서 3:23
모든

☐ 히브리서 9:27
한번

☐ 이사야 53:6
우리는

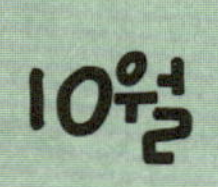

10월 15일 요한계시록 3장 20절

☐ 볼찌어다 내가 문밖에 서서 두드리노니 누구든지 내 음성을 듣고 문을 열면 내가 그에게로 들어가 그로 더불어 먹고 그는 나로 더불어 먹으리라

Here I am! I stand at the door and knock. If anyone hears my voice and opens the door, I will come in and eat with him, and he with me.

10월 16일 로마서 8장 14절

☐ 무릇 하나님의 영으로 인도함을 받는 그들은 곧 하나님의 아들이라

10월 17일 요한계시록 3장 20절, 로마서 8장 14절

☐ 볼찌어다 내가

☐ 무릇 하나님의

10월 18일 갈라디아서 2장 20절

내가 그리스도와 함께 십자가에 못박혔나니, 그런즉 이제 내가 산 것이 아니요 오직 내 안에 그리스도께서 사신 것이라 이제 내가 육체 가운데 사는 것은 나를 사랑하사 나를 위하여 자기 몸을 버리신 하나님의 아들을 믿는 믿음 안에서 사는 것이라

10월 19일 요한복음 13장 20절

내가 진실로 진실로 너희에게 이르노니 나의 보낸 자를 영접하는 자는 나를 영접하는 것이요 나를 영접하는 자는 나를 보내신 이를 영접하는 것이니라

10월 20일 갈라디아서 2장 20절, 요한복음 13장 20절

내가 그리스도와

내가 진실로

10월 21일 일주일 복습

요한계시록 3:20
볼찌어다

로마서 8:14
무릇

갈라디아서 2:20
내가

요한복음 13:20
내가

113

10월 22일 요한일서 1장 9절

만일 우리가 우리 죄를 자백하면 저는 미쁘시고 의로우사 우리 죄를 사하시며 모든 불의에서 우리를 깨끗케 하실 것이요

If we confess our sins, he is faithful and just and will forgive us our sins and purify us from all unrighteousness.

10월 23일 로마서 10장 10절

사람이 마음으로 믿어 의에 이르고 입으로 시인하여 구원에 이르느니라

10월 24일 요한일서 1장 9절, 로마서 10장 10절

만일 우리가

사람이 마음으로

10월 25일 이사야 1장 18절

여호와께서 말씀하시되 오라 우리가 서로 변론하자 너희 죄가 주홍 같을찌라도 눈과 같이 희어질 것이요 진홍 같이 붉을찌라도 양털 같이 되리라

10월 26일 디도서 3장 5절

우리를 구원하시되 우리의 행한 바 의로운 행위로 말미암지 아니하고 오직 그의 긍휼하심을 좇아 중생의 씻음과 성령의 새롭게 하심으로 하셨나니

10월 27일 이사야 1장 18절, 디도서 3장 5절

여호와께서 말씀하시되

우리를 구원하시되

10월 28일 일주일 복습

요한일서 1:9
만일

이사야 1:18
여호와께서

로마서 10:10
사람이

디도서 3:5
우리를

115

10월 29일 사도행전 1장 8절, 로마서 6장 23절

☐

☐

10월 30일 요한계시록 3장 20절, 요한일서 1장 9절

☐

☐

시험 test & temptation

시험에는 악의 유혹과 영적인 성숙을 위한 시련 등 양면적인 의미가 있다. 즉, 부정적인 의미의 시험(tempation)은 사탄이 그 근원이며, 긍정적 의미의 시험(test)은 영적인 성숙을 창조하기 위해 검증받는 시험으로 하나님이 근원이다.

11월 · 축복과 감사

감사로 제사를 드리는 자가 나를 영화롭게 하나니
그 행위를 옳게 하는 자에게 내가 하나님의 구원을 보이리라
(시편 50:23)

11월 1일　　**창세기 12장 2절**

☐ 내가 너로 큰 민족을 이루고 네게 복을 주어 네 이름을 창대케 하리니 너는 복의 근원이 될찌라

I will make you into a great nation and I will bless you; I will make your name great, and you will be a blessing.

11월 2일　　**시편 1편 3절**

☐ 저는 시냇가에 심은 나무가 시절을 좇아 과실을 맺으며 그 잎사귀가 마르지 아니함 같으니 그 행사가 다 형통하리로다

11월 3일　　**창세기 12장 2절, 시편 1편 3절**

☐ 내가 너로

☐ 저는 시냇가에

11월 4일 **시편 23편 5절**

주께서 내 원수의 목전에서 내게 상을 베푸시고 기름으로 내 머리에 바르셨으니 내 잔이 넘치나이다

11월 5일 **예레미야 33장 3절**

너는 내게 부르짖으라 내가 네게 응답하겠고 네가 알지 못하는 크고 비밀한 일을 네게 보이리라

11월 6일 **시편 23편 5절, 예레미야 33장 3절**

주께서 내

너는 내게

11월 7일 **일주일 복습**

창세기 12:2
내가

시편 1:3
저는

시편 23:5
주께서

예레미야 33:3
너는

11월 8일 데살로니가후서 3장 16절

☐ 평강의 주께서 친히 때마다 일마다 너희에게 평강을 주시기를 원하노라 주는 너희 모든 사람과 함께 하실찌어다

Now may the Lord of peace himself give you peace at all times and in every way. The Lord be with all of you.

11월 9일 빌립보서 4장 19절

☐ 나의 하나님이 그리스도 예수 안에서 영광 가운데 그 풍성한대로 너희 모든 쓸 것을 채우시리라

11월 10일 데살로니가후서 3장 16절, 빌립보서 4장 19절

☐ 평강의 주께서

☐ 나의 하나님이

11월 11일   마태복음 5장 9절

☐ 화평케 하는 자는 복이 있나니 저희가 하나님의 아들이라 일컬음을 받을 것임이요

11월 12일   시편 115편 14절

☐ 여호와께서 너희 곧 너희와 또 너희 자손을 더욱 번창케 하시기를 원하노라

11월 13일   마태복음 5장 9절, 시편 115편 14절

☐ 화평케 하는

☐ 여호와께서 너희

11월 14일   일주일 복습

☐ 데살로니가후서 3:16
평강의

☐ 빌립보서 4:19
나의

☐ 마태복음 5:9
화평케

☐ 시편 115:14
여호와께서

11월 15일   고린도후서 9장 15절

☐ 말할 수 없는 그의 은사를 인하여 하나님께 감
사하노라

Thanks be to God for his indescribable gift!

11월 16일   시편 50편 23절

☐ 감사로 제사를 드리는 자가 나를 영화롭게 하
나니 그 행위를 옳게 하는 자에게 내가 하나님
의 구원을 보이리라

11월 17일   고린도후서 9장 15절, 시편 50편 23절

☐ 말할 수

☐ 감사로 제사를

11월 18일 고린도전서 15장 57절

□ 우리 주 예수 그리스도로 말미암아 우리에게 이김을 주시는 하나님께 감사하노니

11월 19일 골로새서 3장 17절

□ 또 무엇을 하든지 말에나 일에나 다 주 예수의 이름으로 하고 그를 힘입어 하나님 아버지께 감사하라

11월 20일 고린도전서 15장 57절, 골로새서 3장 17절

□ 우리 주

□ 또 무엇을

11월 21일 일주일 복습

□ 고린도후서 9:15
말할

□ 시편 50:23
감사로

□ 고린도전서 15:57
우리

□ 골로새서 3:17
또

11월 22일 데살로니가전서 5장 18절

☐ 범사에 감사하라 이는 그리스도 예수 안에서 너희를 향하신 하나님의 뜻이니라

give thanks in all circumstances, for this is God's will for you in Christ Jesus.

11월 23일 고린도후서 9장 7절

☐ 각각 그 마음에 정한 대로 할 것이요 인색함으로나 억지로 하지 말지니 하나님은 즐겨 내는 자를 사랑하시느니라

11월 24일 데살로니가전서 5장 18절, 고린도후서 9장 7절

☐ 범사에 감사하라

☐ 각각 그

11월 25일 잠언 3장 9절

네 재물과 네 소산물의 처음 익은 열매로 여호와를 공경하라

11월 26일 골로새서 2장 7절

그 안에 뿌리를 박으며 세움을 입어 교훈을 받은대로 믿음에 굳게 서서 감사함을 넘치게 하라

11월 27일 잠언 3장 9절, 골로새서 2장 7절

네 재물과

그 안에

11월 28일 일주일 복습

잠언 3:9
네

고린도후서 9:7
각각

빌립보서 4:6
아무

골로새서 2:7
그

11월의 네번째 목요일은 서양의 "추석"이라고 할 수 있는 "Thanksgiving Day", 즉 추수감사절입니다. 미국에서는 "Thanksgiving Day"가 되면 온 가족이 모여 풍요로운 한해를 감사드립니다. "Thanksgiving Day"의 유래는 신앙의 자유를 찾아 Mayflower호를 타고 미지의 신대륙으로 건너간 102명의 청교도에서 비롯되었습니다. 1660년 영국을 출발한 Mayflower호가 65일의 어려운 항해 끝에 도착했고, 이 용감한 개척자들은 Massachusetts주 Province Town Harbor에 내렸습니다.

그렇지만 그들을 기다리고 있는 것은 낯설고 거친 땅 뿐이었고 겨울을 보내고 났을 때 살아남은 사람은 겨우 50명 뿐이었죠. 그때 멀지 않은 곳에 살던 인디언들이 그들을 찾아와 그 부족의 추장이던 Massasoit의 지휘아래 당장 필요한 물건과 양식을 주고 비료를 만드는 법, 곡식과 채소를 그 토양에서 재배하는 법, 사냥하는 법 등을 가르쳐 주었습니다. 그 덕분에 그 해 가을의 첫 수확은 놀랄만큼 풍요로왔고 그들이 첫 수확 앞에서 벅찬 감동을 느꼈습니다.

이날을 기념하기 위하여 11월의 네번째 목요일을 추수감사
절로 정하고 축제를 열었습니다. 이 첫 Thanksgiving Day는 원
주민들이 자리를 함께 한 가운데 사흘간이나 계속되었습니다.
남자들은 숲에 많이 야생하던 칠면조(turkey)를 잡아오고 여자
들은 pumpkin pie를 만들고 옥수수, 과일 등으로 푸짐한 음식
을 차렸습니다. 넓디 넓은 신대륙의 한 귀퉁이에서 치러진 감
사의 이 첫 Thanksgiving Day가 오늘까지 이어져서 자유와 모
험을 사랑하는 미국인들의 큰 명절로 자리잡은 것입니다.

"Thanksgiving Day, legal holiday in the United States, first
celebrated in early colonial times in New England. After the first
harvest was completed by the Plymouth colonists in 1621, Governor
William Bradford proclaimed a day of thanksgiving, shared by
colonists and neighboring Native Americans. In 1863 President
Abraham Lincoln appointed a day of thanksgiving, and since then each
president has issued a Thanksgiving Day proclamation, generally
designating the fourth Thursday of November as a holiday.
Thanksgiving Day is a statutory holiday in Canada, celebrated on the
second Monday in October."

11월 29일　창세기 12장 2절, 데살로니가후서 3장 16절

☐

☐

11월 30일　고린도후서 9장 15절, 데살로니가전서 5장 18절

☐

☐

은 한 달란트의 환율

은 한 달란트는 3,000세겔의 무게이며, 6,000 드라크마의 가치이다. 신약시대의 헬라돈으로 1드라크마는 일반 노동자의 하루 품삯이었다. 은 한 달란트는 그 당시 한 사람이 평생 종노릇해야만 받을 수 있는 액수인 것이다. 오늘날 원화 가치로 따진다면 얼마로 추정하면 될까?

수도권 43평형 아파트 한 채 값 정도(?)

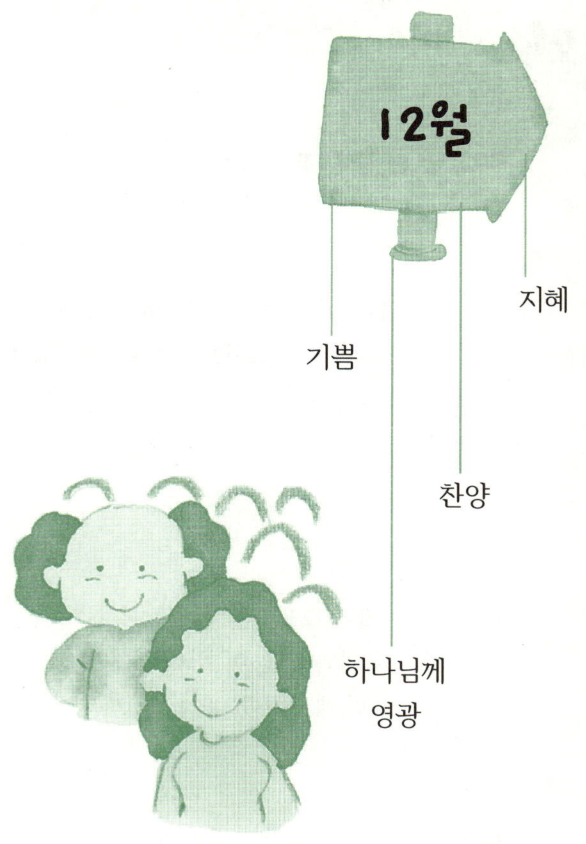

12월 · 기쁨

지극히 높은 곳에서는 하나님께 영광이요
땅에서는 기뻐하심을 입은 사람들 중에 평화로다 하나라
(누가복음 2:14)

12월 1일 **잠언 1장 7절**

□ 여호와를 경외하는 것이 지식의 근본이어늘 미련한 자는 지혜와 훈계를 멸시하느니라

The fear of the LORD is the beginning of knowledge, but fools despise wisdom and discipline.

12월 2일 **욥기 12장 13절**

□ 지혜와 권능이 하나님께 있고 모략과 명철도 그에게 속하였나니

12월 3일 **잠언 1장 7절, 욥기 12장 13절**

□ 여호와를 경외하는

□ 지혜와 권능이

12월 4일 잠언 8장 11절

☐ 대저 지혜는 진주보다 나으므로 무릇 원하는 것을 이에 비교할 수 없음이니라

12월 5일 시편 111편 10절

☐ 여호와를 경외함이 곧 지혜의 근본이라 그 계명을 지키는 자는 다 좋은 지각이 있나니 여호와를 찬송함이 영원히 있으리로다

12월 6일 잠언 8장 11절, 시편 111편 10절

☐ 대저 지혜는

☐ 여호와를 경외함이

12월 7일 일주일 복습

☐ 잠언 1:7
여호와를

☐ 욥기 12:13
지혜와

☐ 잠언 8:11
대저

☐ 시편 111:10
여호와를

131

12월 8일   시편 126편 5절

□ 눈물을 흘리며 씨를 뿌리는 자는 기쁨으로 거두리로다

Those who sow in tears will reap with songs of joy.

12월 9일   데살로니가전서 5장 16-18절

□ 항상 기뻐하라 쉬지 말고 기도하라 범사에 감사하라 이는 그리스도 예수 안에서 너희를 향하신 하나님의 뜻이니라

12월 10일   시편 126편 5절, 데살로니가전서 5장 16-18절

□ 눈물을 흘리며

□ 항상 기뻐하라

12월 11일   **시편 100편 2절**

☐ 기쁨으로 여호와를 섬기며 노래하면서 그 앞에 나아갈찌어다

12월 12일   **시편 100편 4절**

☐ 감사함으로 그 문에 들어가며 찬송함으로 그 궁정에 들어가서 그에게 감사하며 그 이름을 송축할찌어다

12월 13일   **시편 100편 2절, 시편 100편 4절**

☐ 기쁨으로 여호와를

☐ 감사함으로 그

12월 14일   **일주일 복습**

☐ 시편 126:5
눈물을

☐ 데살로니가전서 5:16-18
항상

☐ 시편 100:2
기쁨으로

☐ 시편 100:4
감사함으로

133

12월 15일　시편 95편 1절

오라 우리가 여호와께 노래하며 우리 구원의
반석을 향하여 즐거이 부르자

Come, let us sing for joy to the LORD; let us
shout aloud to the Rock of our salvation

12월 16일　시편 62편 1절

나의 영혼이 잠잠히 하나님만 바람이여 나의
구원이 그에게서 나는도다

12월 17일　시편 95편 1절, 시편 62편 1절

오라 우리가

나의 영혼이

12월 18일　시편 92편 5절

□ 여호와여 주의 행사로 나를 기쁘게 하셨으니 주의 손의 행사를 인하여 내가 높이 부르리이다

12월 19일　시편 150편 6절

□ 호흡이 있는 자마다 여호와를 찬양할찌어다 할렐루야

12월 20일　시편 92편 5절, 시편 150편 6절

□　여호와여 주의

□　호흡이 있는

12월 21일　일주일 복습

□ 시편 95:1
오라

□ 시편 92:5
여호와여

□ 시편 62:1
나의

□ 시편 150:6
호흡이

12월 22일 누가복음 2장 14절

☐ 지극히 높은 곳에서는 하나님께 영광이요 땅에서는 기뻐하심을 입은 사람들 중에 평화로다 하니라

"Glory to God in the highest, and on earth peace to men on whom his favor rests."

12월 23일 히브리서 13장 15절

☐ 이러므로 우리가 예수로 말미암아 항상 찬미의 제사를 하나님께 드리자 이는 그 이름을 증거하는 입술의 열매니라

12월 24일 누가복음 2장 14절, 히브리서 13장 15절

☐ 지극히 높은

☐ 이러므로 우리가

12월 25일 시편 121편 8절

☐ 여호와께서 너의 출입을 지금부터 영원까지 지키시리로다

12월 26일 요한일서 5장 14절

☐ 그를 향하여 우리의 가진바 담대한 것이 이것이니 그의 뜻대로 무엇을 구하면 들으심이라

12월 27일 시편 121편 8절, 요한일서 5장 14절

☐ 여호와께서 너의

☐ 그를 향하여

12월 28일 일주일 복습

☐ 누가복음 2:14
지극히

☐ 시편 121:8
여호와께서

☐ 히브리서 13:15
이러므로

☐ 요한일서 5:14
그를

137

12월 25일은 예수님의 탄생을 기념하는 기독교 최고의 축제일인 크리스마스입니다. 이맘때가 되면 몇주전부터 우리는 거리에서 즐거운 캐롤송과 가게에 가득찬 선물 꾸러미들, 화려하고 커다랗게 장식된 크리스마스 트리, 온화하게 미소짓고 있는 산타크로스 할아버지의 모습을 어디에서나 손쉽게 볼 수 있고 불우한 이웃들에게 사랑을 나누어 주시는 구세군도 볼 수 있습니다. 어른 아이 할 것없이 축제의 분위기에 들떠 즐거워 하는 크리스마스는 어떻게 유래되었는지 간단히 알아 보기로 합시다.

크리스마스는 다른말로 Noel, Yule, the Nativity인데 모두 예수님의 탄생을 의미하며 크리스마스도 'Christ's mass' 의 줄임말로 여기서 'mass' 란 천주교의 성찬식을 의미합니다.

12월 25일이 되면 교회에선 크리스마스 이브라하여 24일부터 철야의식을 가지며 자종 종교적 장식과 행사가 베풀어 지는데 이날의 의식이 최초로 정해진 것은 교황 율리우스1세(재위기간: A.D. 337-352)이후이며 4세기 후반에는 서구에서 일반화 되었다고 전해 지고 있습니다.

예수님의 탄생은 "신약성경"에 기록되어 있으나 확실히 밝혀져 있지 않아 종파마다 다른 의식을 행했다고 하지만 세계적으로 12월 25일이 일반화 되어 있습니다. 멀리서 별을 보고 어린 예수를 찾아와 선물을 가져다준 동방박사 세사람(Magi)으로부터 크리스마스 선물 교환이 시작되었고 1862년 영국에서 카드 교환이 시작된 이래로 이날을 전후하여 이 풍습이 세계적으로 이용되고 있다고 합니다.

성탄절을 축하하기 위해 전나무에 양초, 금, 은 등으로 장식한 크리스마스 트리는 처음 독일에서 유래된 것으로 나무를 신성한 하나님의 상징으로 여겼던 청교도에서 유래된 것으로 푸른잎(evergreen)은 부활과 영원한 삶

을 의미한다고 하며 처음 마틴 루터가 나무를 잘라 집안에 들여다 장식한
것이 유래가 되었다고 합니다.

아이들이 이때가 되면 애타게 기다리는 온화한 얼굴의 산타크로스 할아
버지는 본래 소아시의 미라(Myra)의 주교로 사람들과 친하게 사귀고 특히
아이들을 잘 보살폈다는 성 니콜라우스에서 유래 되었는데 한 일화로는 성
니콜라우스가 나이가 차도 지참금이 없어 시집을 못가는 세 자매에게 금을
주기위해 금을 양말에 넣어 창을 통해 들어갔는데, 눈이 많이와서 금을 넣
은 양말이 젖어 그것을 말리기 위해 벽난로에 걸어 놓았다는 이야기가 있
습니다.

성 니콜라우스의 그런 따뜻한 마음과 사랑이 크리스마스와 연결 되어
인자하고 온화한 산타크로스 할아버지로 등장하게 되었고 지금까지도 모
든 이에게 표본이 되고 없어서는 안될 중요한 전설상의 인물이 된 것 같습
니다.

즐겁게 울려 퍼지는 캐롤은 오래전부터 내려오는 또 다른 하나의 풍습
인데 처음엔 천사가 예수님의 탄생을 알리며 불렀던 노래에서 유래되었으
며 중세 프랑스에서는 [캐롤 떼]하고 불리던 무도와 그것을 위한 노래가 있
었는데 무도는 없어지고 노래만 전승되었다고 합니다.

위에 소개한 것 말고도 많은 것들이 전해지고 있는데 그 모든 것들은 하
나님의 사랑과 이웃 사랑을 바탕으로 하고 있습니다. 미국의 크리스마스
풍습은 정착자들이 이주해 오면서 하나씩 들여 온것으로 만들어 졌는데 우
리의 크리스마스와 비슷합니다.

더운 지방에서는 크리스마스가 되면 집안보다는 바깥에서 활동할 수 있
는 스포츠 행사나 소풍 등으로 그 날을 즐겁게 보낸다고 합니다.

12월 29일 잠언 1장 7절, 시편 126편 5절

☐

☐

12월 30일 시편 95편 1절, 누가복음 2장 14절

☐   ☐

☐   ☐

성탄절 Christmas

3세기의 로마제국은 태양신을 섬겼다. 그 시대의 로마황제는 태양의 후손으로서 숭배의 대상이었다. 274년 12월 25일을 태양의 생일로 축하했는데, 그로 인해 그 시대의 그리스도인들에게도 황제숭배가 강요되었고, 태양신의 생일도 당연히 축하하도록 요구되었다. 그러나 이를 거부하는 그리스도인들에게는 화형이나 십자가에 메달아 죽이는 등 엄청난 핍박과 고통이 주어졌다. 그런 엄청난 고통이 313년 콘스탄틴 황제의 밀라노칙령(기독교공인)이 있기까지 계속되었다. 로마가 기독교 국가로 변화되었을 때 황제숭배 대신 예수 그리스도를 주로 섬기게 되었고, 하나님을 예배하는 자리로 돌아오게 되었다. 그래서 336년 12월 25일을 예수 그리스도의 탄생일로 바꾸어 축하하게 되었다.

12월 25일로 정한 최초의 인물은 히폴리투스로 추정된다. 수태고지 또는 수태로부터 아홉달을 계산하여 그리스도의 생일이라고 결론내렸다.

(색인 · Index)

7월 · 치유

1주_힘들 때
로마서 8:28
베드로전서 5:7
시편 121:2
로마서 5:3,4

2주_아플 때
요한삼서 1:2
히브리서 13:8
이사야 53:5
예레미야 17:14

3주_용기가 안날 때
빌립보서 4:13
요한일서 5:15
베드로전서 5:6
에베소서 3:12

4주_근심될 때
시편 43:5
시편 9:10
신명기 31:6
마태복음 28:20

8월 · 예수 그리스도

1주_예수는 나의 구주
사도행전 2:36
시편 40:1
마가복음 12:30,31
빌립보서 2:9-11

2주_예수는 나의 친구
요한복음 15:12
고린도전서 1:9
야고보서 4:8
갈라디아서 3:26

3주_예수는 나의 구원자
고린도후서 5:17
에베소서 2:8-9
로마서 10:9
요한복음 14:18

9월 · 약속

4주_예수는 나의 평강
이사야 26:3
빌립보서 4:9
골로새서 3:15
시편 4:8

1주_포도나무 약속
요한복음 15:5
야고보서 1:5
베드로전서 4:16
여호수아 1:8

2주_팔복의 약속
마태복음 5:5
이사야 1:19
요한복음 15:3
요한복음 16:33

3주_은사의 약속
로마서 8:32
고린도전서 4:20
갈라디아서 6:9
야고보서 4:10

4주_성령의 약속
갈라디아서 5:16
에베소서 5:18
요한복음 14:26
로마서 8:9

10월 · 전도

1주_복음을 증거함
사도행전 1:8
마가복음 16:15
사도행전 20:24
마태복음 28:19,20

2주_죄의 형벌
로마서 6:23
히브리서 9:27
로마서 3:23
이사야 53:6

주님과 함께하는 어린이365 coupon
(달란트쿠폰)

달란트쿠폰은
주일학교에서 매주 선생님들께서 말씀을 확인해 주시고 암송한 개수만큼 몇달란트인지를 써주시면 됩니다. 이것을 나중에 달란트 시장을 통해 아이들이 사용하도록 해 주세요.

또한 가정에서 부모님들께서 아이들과 함께 말씀을 암송하며 달란트를 적어주셔서 관심을 가져 주시고, 아이들이 말씀에 거하도록 기도해 주세요.

달란트쿠폰 COUPON

주님과함께하는어린이365 **2월 1주 달란트 쿠폰**

( )달란트

주님과 함께하는 어린이 : ___________

주님과함께하는어린이365 **1월 5주 달란트 쿠폰**

( )달란트

주님과 함께하는 어린이 : ___________

주님과함께하는어린이365 **2월 3주 달란트 쿠폰**

( )달란트

주님과 함께하는 어린이 : ___________

주님과함께하는어린이365 **2월 2주 달란트 쿠폰**

( )달란트

주님과 함께하는 어린이 : ___________

주님과함께하는어린이365 **3월 1주 달란트 쿠폰**

( )달란트

주님과 함께하는 어린이 : ___________

주님과함께하는어린이365 **2월 4주 달란트 쿠폰**

( )달란트

주님과 함께하는 어린이 : ___________

주님과함께하는어린이365 **3월 3주 달란트 쿠폰**

( )달란트

주님과 함께하는 어린이 : ___________

주님과함께하는어린이365 **3월 2주 달란트 쿠폰**

( )달란트

주님과 함께하는 어린이 : ___________

달란트쿠폰 Coupon

달란트쿠폰은
주일학교에서 매주 선생님들께서 말씀을 확인해 주시고 암송한 개수만큼 몇달란트인지를 써주시면 됩니다. 이것을 나중에 달란트 시장을 통해 아이들이 사용하도록 해 주세요.

또한 가정에서 부모님들께서 아이들과 함께 말씀을 암송하며 달란트를 적어주셔서 관심을 가져 주시고, 아이들이 말씀에 거하도록 기도해 주세요.

주님과함께하는어린이365　**3월 5주 달란트쿠폰**

( )달란트

주님과 함께하는 어린이 : ___________

주님과함께하는어린이365　**3월 4주 달란트쿠폰**

( )달란트

주님과 함께하는 어린이 : ___________

주님과함께하는어린이365　**4월 2주 달란트쿠폰**

( )달란트

주님과 함께하는 어린이 : ___________

주님과함께하는어린이365　**4월 1주 달란트쿠폰**

( )달란트

주님과 함께하는 어린이 : ___________

주님과함께하는어린이365　**4월 4주 달란트쿠폰**

( )달란트

주님과 함께하는 어린이 : ___________

주님과함께하는어린이365　**4월 3주 달란트쿠폰**

( )달란트

주님과 함께하는 어린이 : ___________

주님과함께하는어린이365　**5월 1주 달란트쿠폰**

( )달란트

주님과 함께하는 어린이 : ___________

주님과함께하는어린이365　**4월 5주 달란트쿠폰**

( )달란트

주님과 함께하는 어린이 : ___________

달란트쿠폰 COUPON

달란트쿠폰은
주일학교에서 매주 선생님들께서 말씀을 확인해 주시고 암송한 개수만큼 몇달란트인지를 써주시면 됩니다. 이것을 나중에 달란트 시장을 통해 아이들이 사용하도록 해 주세요.

또한 가정에서 부모님들께서 아이들과 함께 말씀을 암송하며 달란트를 적어주셔서 관심을 가져 주시고, 아이들이 말씀에 거하도록 기도해 주세요.

주님과함께하는어린이365 **5월 3주 달란트쿠폰**

주님과 함께하는 어린이 : ________________

주님과함께하는어린이365 **5월 2주 달란트쿠폰**

주님과 함께하는 어린이 : ________________

주님과함께하는어린이365 **5월 5주 달란트쿠폰**

주님과 함께하는 어린이 : ________________

주님과함께하는어린이365 **5월 4주 달란트쿠폰**

주님과 함께하는 어린이 : ________________

주님과함께하는어린이365 **6월 2주 달란트쿠폰**

주님과 함께하는 어린이 : ________________

주님과함께하는어린이365 **6월 1주 달란트쿠폰**

주님과 함께하는 어린이 : ________________

주님과함께하는어린이365 **6월 4주 달란트쿠폰**

주님과 함께하는 어린이 : ________________

주님과함께하는어린이365 **6월 3주 달란트쿠폰**

주님과 함께하는 어린이 : ________________

달란트쿠폰 COUPON

달란트쿠폰은
주일학교에서 매주 선생님들께서 말씀을 확인해 주시고 암송한 개수만큼 몇달란트인지를 써주시면 됩니다. 이것을 나중에 달란트 시장을 통해 아이들이 사용하도록 해 주세요.

또한 가정에서 부모님들께서 아이들과 함께 말씀을 암송하며 달란트를 적어주셔서 관심을 가져 주시고, 아이들이 말씀에 거하도록 기도해 주세요.

달란트쿠폰 COUPON

주님과함께하는어린이365 7월 1주 달란트쿠폰
(달란트
주님과 함께하는 어린이 : ___________

주님과함께하는어린이365 6월 5주 달란트쿠폰
(달란트
주님과 함께하는 어린이 : ___________

주님과함께하는어린이365 7월 3주 달란트쿠폰
(달란트
주님과 함께하는 어린이 : ___________

주님과함께하는어린이365 7월 2주 달란트쿠폰
(달란트
주님과 함께하는 어린이 : ___________

주님과함께하는어린이365 7월 5주 달란트쿠폰
(달란트
주님과 함께하는 어린이 : ___________

주님과함께하는어린이365 7월 4주 달란트쿠폰
(달란트
주님과 함께하는 어린이 : ___________

주님과함께하는어린이365 8월 2주 달란트쿠폰
(달란트
주님과 함께하는 어린이 : ___________

주님과함께하는어린이365 8월 1주 달란트쿠폰
(달란트
주님과 함께하는 어린이 : ___________

달란트쿠폰은
주일학교에서 매주 선생님들께서 말씀을 확인해 주시고 암송한 개수만큼 몇달란트인지를 써주시면 됩니다. 이것을 나중에 달란트 시장을 통해 아이들이 사용하도록 해 주세요.

또한 가정에서 부모님들께서 아이들과 함께 말씀을 암송하며 달란트를 적어주셔서 관심을 가져 주시고, 아이들이 말씀에 거하도록 기도해 주세요.

달란트쿠폰 COUPON

주님과함께하는어린이365 **8월 4주 달란트 쿠폰**

(

주님과 함께하는 어린이 : ___________

주님과함께하는어린이365 **8월 3주 달란트 쿠폰**

(

주님과 함께하는 어린이 : ___________

주님과함께하는어린이365 **9월 1주 달란트 쿠폰**

(

주님과 함께하는 어린이 : ___________

주님과함께하는어린이365 **8월 5주 달란트 쿠폰**

(

주님과 함께하는 어린이 : ___________

주님과함께하는어린이365 **9월 3주 달란트 쿠폰**

(

주님과 함께하는 어린이 : ___________

주님과함께하는어린이365 **9월 2주 달란트 쿠폰**

(

주님과 함께하는 어린이 : ___________

주님과함께하는어린이365 **9월 5주 달란트 쿠폰**

(

주님과 함께하는 어린이 : ___________

주님과함께하는어린이365 **9월 4주 달란트 쿠폰**

(

주님과 함께하는 어린이 : ___________

달란트쿠폰은

주일학교에서 매주 선생님들께서 말씀을 확인해 주시고 암송한 개수만큼 몇달란트인지를 써주시면 됩니다. 이것을 나중에 달란트 시장을 통해 아이들이 사용하도록 해 주세요.

또한 가정에서 부모님들께서 아이들과 함께 말씀을 암송하며 달란트를 적어주셔서 관심을 가져 주시고, 아이들이 말씀에 거하도록 기도해 주세요.

주님과함께하는어린이365 **10월 2주 달란트 쿠폰**

( )달란트

주님과 함께하는 어린이 : ___________

주님과함께하는어린이365 **10월 1주 달란트 쿠폰**

( )달란트

주님과 함께하는 어린이 : ___________

주님과함께하는어린이365 **10월 4주 달란트 쿠폰**

( )달란트

주님과 함께하는 어린이 : ___________

주님과함께하는어린이365 **10월 3주 달란트 쿠폰**

( )달란트

주님과 함께하는 어린이 : ___________

주님과함께하는어린이365 **11월 1주 달란트 쿠폰**

( )달란트

주님과 함께하는 어린이 : ___________

주님과함께하는어린이365 **10월 5주 달란트 쿠폰**

( )달란트

주님과 함께하는 어린이 : ___________

주님과함께하는어린이365 **11월 3주 달란트 쿠폰**

( )달란트

주님과 함께하는 어린이 : ___________

주님과함께하는어린이365 **11월 2주 달란트 쿠폰**

( )달란트

주님과 함께하는 어린이 : ___________

달란트쿠폰 COUPON

달란트쿠폰은

주일학교에서 매주 선생님들께서 말씀을 확인해 주시고 암송한 개수만큼 몇달란트인지를 써주시면 됩니다. 이것을 나중에 달란트 시장을 통해 아이들이 사용하도록 해 주세요.

또한 가정에서 부모님들께서 아이들과 함께 말씀을 암송하며 달란트를 적어주셔서 관심을 가져 주시고, 아이들이 말씀에 거하도록 기도해 주세요.

주님과함께하는어린이365 **11월 5주 달란트 쿠폰**

주님과 함께하는 어린이 : ___________

주님과함께하는어린이365 **11월 4주 달란트 쿠폰**

주님과 함께하는 어린이 : ___________

주님과함께하는어린이365 **12월 2주 달란트 쿠폰**

주님과 함께하는 어린이 : ___________

주님과함께하는어린이365 **12월 1주 달란트 쿠폰**

주님과 함께하는 어린이 : ___________

주님과함께하는어린이365 **12월 4주 달란트 쿠폰**

주님과 함께하는 어린이 : ___________

주님과함께하는어린이365 **12월 3주 달란트 쿠폰**

주님과 함께하는 어린이 : ___________

어린이가 약속하는 **선생(부모)님께 드리는 쿠폰**

주님과 함께하는 어린이 : ___________

주님과함께하는어린이365 **12월 5주 달란트 쿠폰**

주님과 함께하는 어린이 : ___________

달란트쿠폰 COUPON

달란트쿠폰은
주일학교에서 매주 선생님들께서 말씀을 확인해 주시고 암송한 개수만큼 몇달란트인지를 써주시면 됩니다. 이것을 나중에 달란트 시장을 통해 아이들이 사용하도록 해 주세요.

또한 가정에서 부모님들께서 아이들과 함께 말씀을 암송하며 달란트를 적어주셔서 관심을 가져 주시고, 아이들이 말씀에 거하도록 기도해 주세요.

~ 말씀이 생활에서 흘러요 ~

성경 암송은 말씀의 맛을 경험하고, 염려를 극복하며, 영적 기근을 잘 준비하게 하며 감성지수가 개발되며, 학습 능력이 강화된다. 또한 요동치 않는 신앙생활을 하게 한다. 생활 속에서 말씀을 암송하고 묵상하는 어린이는 복음 안에서 성장하며 복음에서 결코 떠나지 않는다. 그러므로 묵상, 암송, 적용을 갖게 하는 암송집으로 교회학교와 부모님과 함께하면 더욱 좋은 암송집이다. 교회학교에서는 매주 과제와 달란트시장으로, 가정에서는 부모님과 함께 암송하는 말씀 요약집으로 유용할 것이다.